Englisch

ABSCHLUSS-PRÜFUNGS-TRAINER

Realschulabschluss
Baden-Württemberg

Novellierte Abschlussprüfung ab 20
Inklusive Kommunikationsprüfung

Deine **interaktiven Übungen** und **Audios** findest du auf scook.de. Dort gibst du den unten stehenden Zugangscode in die Box ein.

p7ncx-udo68

Dein Zugangscode auf
www.scook.de

Die Nutzungsdauer für die Online-Übungen beträgt nach Aktivierung des Zugangscodes zwei Jahre. In dieser Zeit speichern wir deine Lernstandsdaten für dich; nach Ablauf der Nutzungsdauer werden sie gelöscht.

Cornelsen

Abschlussprüfungstrainer Englisch

Realschulabschluss | Baden-Württemberg

Erarbeitet in der Redaktion von:
Klaus Unger (Projektleitung), Cornelia Frisse (verantwortliche Redakteurin)
sowie Christine Maxwell, Paulina Schaeffer, Olivia Wintgens

Auf der Grundlage von Arbeitsheften folgender Autorinnen und Autoren:
Gwen Berwick, York
Sydney Thorne, York

Layout-Konzept:
Klein&Halm Grafikdesign, Berlin

Umschlaggestaltung:
Agentur Rosendahl, Berlin

Layout und technische Umsetzung:
zweiband.media, Berlin

www.cornelsen.de

1. Auflage, 1. Druck 2020

Druck: H. Heenemann, Berlin

ISBN 978-3-06-036241-7

PEFC
PEFC/04-31-1156

PEFC zertifiziert
Dieses Produkt stammt aus nachhaltig bewirtschafteten Wäldern und kontrollierten Quellen.
www.pefc.de

Inhaltsverzeichnis

VORWORT

Was erwartet dich in der Prüfung? 4
Wie arbeitest du mit diesem Heft? 5

TRAINING SECTION

Die Kommunikationsprüfung

1. Ablauf und Bewertung 6
2. Aufgabenformate in Baden-Württemberg 6
3. Nützliches für die Kommunikationsprüfung 23

A – Listening comprehension

1. Ablauf und Bewertung 24
2. Aufgabenformate in Baden-Württemberg 24

B – Text-based tasks

1. Ablauf und Bewertung 33
2. Aufgabenformate in Baden-Württemberg 33

C – Use of language

1. Ablauf und Bewertung 39
2. Aufgabenformate in Baden-Württemberg 39

D – Creative writing

1. Ablauf und Bewertung 48
2. Aufgabenformate in Baden-Württemberg 49

E – Interpreting

1. Ablauf und Bewertung 69
2. Aufgabenformate in Baden-Württemberg 69

Tipps für die Prüfung 76

MUSTERPRÜFUNGEN

Musterprüfung 1 78
Musterprüfung 2 89

LÖSUNGEN (als Einleger in der Mitte des Hefts)

Training Section 2
Musterprüfungen 8
Übersicht über die Hörtexte 12

Was erwartet dich in der Prüfung?

Die Abschlussprüfung an Realschulen in Baden-Württemberg besteht im Fach Englisch aus zwei Teilen:

- der **mündlichen Prüfung** (Kommunikationsprüfung), die von den Lehrerinnen und Lehrern an deiner Schule (nach Vorgaben) entworfen und durchgeführt wird.
- der **schriftlichen Prüfung**, die zentral vom Kultusministerium erstellt wird.

Kompetenz	Aufgaben	Zeit/Punkte
	Mündliche Prüfung	
Speaking (kommunikative Kompetenz)	drei Aufgaben: • Präsentation über ein selbst gewähltes Thema • Dialog zu einer vorgegebenen Situation • Sprachmittlung *(Mediation)*: in einem Gespräch vermitteln	15 Minuten 30 Punkte
	Schriftliche Prüfung	
Teil A: *Listening comprehension* (Hörverstehen)	mehrere Hörtexte, verschiedene Formate, z. B.: • *True or false?* • *Multiple choice* • *Note taking* (Tabelle, Cluster) • *Matching*	30 Minuten 20 Punkte
	15 Minuten Pause	
Teil B: *Text-based tasks* (Leseverstehen)	mehrere Aufgaben, verschiedene Formate, z. B.: • *Matching* • *True, false or not in the text?* • *Note taking* • *Multiple choice* • *Answering questions in complete sentences*	120 Minuten 90 Punkte
Teil C: *Use of language* (Wortschatz, Grammatik)	mehrere Aufgaben, verschiedene Formate, z. B.: • *Find synonyms/opposites* • *Give a definition* • *Complete the text* • *Ask questions* • *Paraphrasing*	
Teil D: *Creative writing* (Schreiben)	zwei Aufgaben, verschiedene Textsorten: • 100 Wörter, z. B. Meinungsäußerung • 160 Wörter, z.B. Brief, Mail, Story, Blog, Tagebucheintrag, Bericht, Artikel etc.	
Teil E: *Interpreting* (Sprachmittlung)	zwei Aufgaben, verschiedene Formate: • englische Inhalte auf Deutsch wiedergeben • deutsche Inhalte auf Englisch wiedergeben	

Themen, Texte und Hilfsmittel in der Prüfung

In der Prüfung wird nicht dein Wissen über ein Thema oder ein Land abgefragt, sondern du sollst zeigen, dass du auf Englisch angemessen und weitgehend korrekt kommunizieren kannst. Die Themen sind allgemein gehalten, z. B. Hobbys, Freundschaft, Jobs, Medien, Sport, englischsprachige Länder etc.

Alle Textsorten, denen du in der Prüfung begegnest, sind dir aus deinem Englischunterricht vertraut (Interview, Reportage, Zeitungsartikel, Broschüre etc.). Schwere Fehler in der Rechtschreibung oder Grammatik führen zu Punktabzug. Du darfst aber in den Prüfungsteilen **B**, **C**, **D** und **E** ein zweisprachiges Wörterbuch benutzen. Smartphones sind allerdings nicht erlaubt.

Wie arbeitest du mit diesem Heft?

In diesem Heft lernst du durch gezielte Übungen, wie du die Aufgaben zu allen Teilen der Prüfung bearbeiten kannst. Darüber hinaus bekommst du konkrete Prüfungsbeispiele. Das Heft ist deshalb wie folgt aufgebaut:

Das **erste Kapitel**, die ***Training Section***, gliedert sich in die sechs Kompetenzbereiche der Prüfung: kommunikative Kompetenz (Sprechen), Hörverstehen, Leseverstehen, Wortschatz und Grammatik, Schreiben und Sprachmittlung.

Die *Training Section* enthält:
- Hinweise zum Ablauf und zur Bewertung jedes einzelnen Kompetenzbereichs
- Beispiele und Tipps für die häufigsten Aufgabenformate, die dir in der Prüfung begegnen, also *Multiple choice*, *Matching* etc.
- Strategien zum Umgang mit typischen Schwierigkeiten, wie z. B. Verständnisproblemen

Tipp

Blau umrandete Felder markieren Tipps, die dir bei den Aufgaben helfen.

Es empfiehlt sich, die *Training Section* als erstes durchzuarbeiten, und zwar Kompetenzbereich für Kompetenzbereich. So verschaffst du dir einen Überblick darüber, was du schon gut kannst, wo du noch üben solltest und welche Strategien dir dabei helfen.

Das **zweite Kapitel** bietet dir zwei komplette **Musterprüfungen** (schriftliche Prüfung). Du lernst dadurch Schritt für Schritt die gesamte Prüfungssituation und den Aufbau der Prüfung kennen.

Wenn du feststellst, dass du mit einem Kompetenzbereich oder einem Aufgabenformat noch Schwierigkeiten hast, gehe zurück in die *Training Section* und wiederhole gezielt die entsprechenden Übungen und Strategien oder nutze die Online-Übungen zu Grammatik und Wortschatz auf www.scook.de.

Die **Tonaufnahmen und Hörtexte** für die *Training Section* und die Musterprüfungen findest du ebenfalls online unter www.scook.de. Das Kopfhörer-Symbol mit Track-Nummer im Heft zeigt dir an, welchen Hörtext du für die Aufgabe anhören musst.

Anhand der **Lösungen** in der Mitte des Heftes kannst du deine Ergebnisse überprüfen und, wenn nötig, verbessern.

Nützliche **Tipps zur Prüfungsvorbereitung** erhältst du auf Seite 76.

Nun kannst du zuversichtlich sein, dass du weißt, was in der Abschlussprüfung an der Realschule in Baden-Württemberg auf dich zukommt, und dass du die unterschiedlichen Aufgabenstellungen geübt hast und kennst.

Zusätzlich kannst du dein Grundwissen in den Bereichen Grammatik und Wortschatz mithilfe von Online-Übungen wiederholen und vertiefen. Nutze dazu den Zugangscode auf Seite 1 (www.scook.de).

Ebenfalls online findest du die Tonaufnahmen zu den Höraufgaben als MP3-Downloads und die dazugehörigen Hörtexte. Nutze dazu ebenfalls den Code von Seite 1.

Viel Spaß beim Training mit diesem Heft und viel Erfolg bei der Prüfung!

Die Kommunikationsprüfung

Die Kommunikationsprüfung ist ein wichtiger Teil der Realschulabschlussprüfung. Sie findet meist im zweiten Schulhalbjahr an deiner Schule statt. Geprüft wirst du durch deinen Englischlehrer bzw. deine Englischlehrerin und eine weitere Fachkraft deiner Schule.

1. Ablauf und Bewertung

Bei der Kommunikationsprüfung handelt es sich um eine Einzel- oder Partnerprüfung. Pro Prüfling stehen ca. 15 Minuten Zeit zur Verfügung, die gleichmäßig auf die drei Prüfungsteile verteilt werden. Eine Vorbereitungszeit gibt es nicht. Insgesamt kannst du bei der Kommunikationsprüfung 30 Punkte erreichen.

Teil 1: Monologisches Sprechen: Präsentation (10 Punkte)

Hier sollst du zeigen, dass du ein Thema selbstständig erarbeiten und mithilfe geeigneter Medien verständlich darstellen kannst. Das Thema stimmst du vorher mit deiner Englischlehrerin oder deinem Englischlehrer ab. Am Ende kann es sein, dass dir noch Fragen zu den vorgetragenen Aspekten gestellt werden. Ihr könnt auch zu zweit an einem Thema arbeiten und euch den Vortrag aufteilen. Dabei muss deutlich werden, wer welchen Teil erarbeitet hat.

Teil 2: Dialogisches Sprechen: Kommunikativ-situative Aufgaben (10 Punkte)

Ihr erhaltet eine Situation, ein Thema oder eine Rolle und sollt den Vorgaben entsprechend spontan einen Dialog führen und auf den Gesprächspartner reagieren. Als Anregung oder Unterstützung kann es auch Bilder (nicht zum Beschreiben!) oder Informationen geben, die ihr in euer Gespräch einbeziehen müsst oder könnt.

Tipp

Solltest du etwas nicht verstehen, zögere nicht, auf Englisch nachzufragen:

Sorry, I didn't understand what you said.
Sorry, could you repeat that, please?
Sorry, I'm not sure I understand.

Es ist wichtig, dass du alle Fragen richtig verstehst und dass keine zu langen Gesprächspausen entstehen.

Grundsätzlich gilt: Es ist besser du redest und machst dabei kleine Fehler, als dass du schweigst. Durch Schweigen kannst du keine Punkte bekommen!

Teil 3: Sprachmittlung: Deutsch – Englisch, Englisch – Deutsch (10 Punkte)

Euch wird eine Situation zwischen einer deutschsprachigen und einer englischsprachigen Person vorgegeben, in der ihr vermitteln sollt. Die eine Rolle übernimmt deine Lehrerin oder dein Lehrer, die andere Rolle der andere Prüfling. Deine Aufgabe besteht darin, die deutschsprachigen Inhalte auf Englisch und die englischsprachigen Inhalte auf Deutsch wiederzugeben. Dabei geht es nicht um eine wörtliche Übersetzung, sondern um eine sinngemäße Übertragung der wesentlichen Inhalte.

Sprache und Inhalt/Situationserfassung gehen zu gleichen Teilen in die Bewertung der Kommunikationsprüfung ein.

2. Aufgabenformate in Baden-Württemberg

In diesem Kapitel lernst du die wichtigsten Aufgabenformate kennen, die dich bei der Kommunikationsprüfung erwarten. Da es sich in der Regel um eine Tandemprüfung handelt, ist es sinnvoll, dich zusammen mit einem Klassenkameraden oder einer Klassenkameradin vorzubereiten. Die Tipp-Kästen enthalten nützliche Strategien.

Teil 1: Monologisches Sprechen

Auf den ersten Teil der Prüfung kannst du dich besonders gut vorbereiten. Es lohnt sich also, deinen Vortrag gut zu planen und einzuüben!

Schritt 1: Wähle ein **Thema** aus, mit dem du dich auskennst, zu dem du viel zu sagen hast.

Du könntest z. B. über ein politisches, kulturelles, landeskundliches, historisches oder gesellschaftliches Thema sprechen (z. B. *Carbon footprint, How to deal with bullying oder Death penalty in the USA)* oder Informationen zu einem Hobby geben (z. B. *Technical and musical aspects of a guitar oder Maintaining a bicycle)*. Du könntest auch ein Buch oder einen Film vorstellen und besprechen.

Tipp

In diesem Teil der Prüfung geht es um **dein** Thema. Du sollst zeigen, dass du etwas von deinem Thema verstehst und dass du in der Lage bist, es umfassend, verständlich und gut strukturiert darzustellen.

Wenn du selbst von deinem Thema überzeugt bist, kannst du auch dein Publikum leichter überzeugen!

Schritt 2: Sammele **Ideen**, z. B. mithilfe von Karteikarten oder in einer Mindmap:

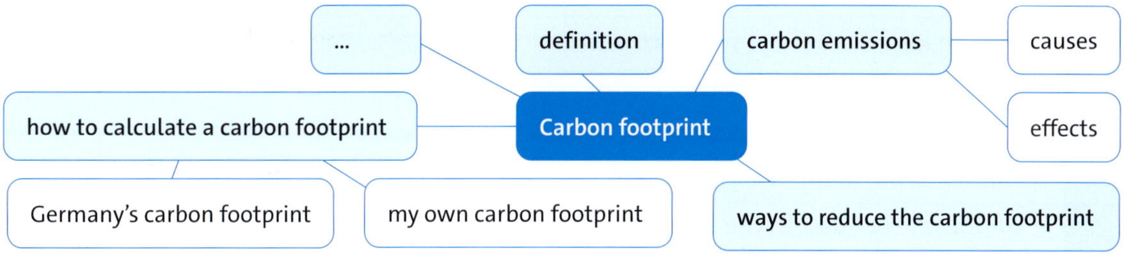

Schritt 3: Überlege, welche **Medien** du einsetzen möchtest: Sammele geeignete Fotos, Grafiken, Zitate oder Gegenstände, die zentral für dein Thema sind und deine Thesen anschaulich belegen.

Schritt 4: Ordne dein Material und erstelle die Gliederung:

- Womit fängst du an? (z. B. Begriffsklärung, Vorgeschichte, Ursachen, Hintergrundinformationen ...)
- Womit hörst du auf? (z. B. Folgen, eigene Meinung, Lösungsansätze ...)
- Welche Reihenfolge ist am besten? Notiere deine Unterpunkte stichwortartig auf Karteikarten – für jeden Unterpunkt eine Karte. Nun kannst du verschiedene Reihenfolgen ausprobieren.

Tipp

Stell dir vor, dass dein Publikum nur wenig Vorwissen hat. Nach deiner Präsentation sollte es **grundlegende** Dinge über dein Thema wissen, aber nicht jedes Detail. Frage dich bei der Vorbereitung: Was könnte für mein Publikum **interessant** sein?

Sag oder zeig deinem Publikum immer wieder, an welchem Punkt deiner Gliederung du dich gerade befindest. Erläutere deine Medien.

Tipp

Gelungene Computer-Folien haben ...
- eine Überschrift
- eine lesbare Schrift und Schriftgröße (16 Punkt)
- nicht mehr als eine Abbildung pro Folie
- nicht mehr als sieben Zeilen pro Folie
- Quellenangaben
- keine Rechtschreibfehler!

Die erste Folie ist eine Art Titelblatt, die zweite sollte deine Gliederung zeigen.

Tipp

Überlege, welche Fragen dir gestellt werden könnten, und bereite die Antworten vor. Lege dir *phrases* zurecht für den Fall, dass du eine Frage nicht verstehst, z. B. *Sorry, could you say that again, please?*

Schritt 5: Arbeite deinen Vortrag gleich **auf Englisch** und **in deinen eigenen Worten** aus. Dafür gibt es viele nützliche *phrases*. Ergänze in der Tabelle weitere Redewendungen, die du kennst. Redewendungen zum Erläutern von Grafiken findest du auf S. 23.

Tipp

Du findest im Internet zahlreiche weitere *phrases* für Präsentationen. Überprüfe die Aussprache in einem Online-Wörterbuch. Es gibt im Internet auch kurze Aussprachevideos für die meisten Wörter (gib das Wort sowie *pronunciation* ein).

My presentation: useful phrases		
Einleitung	• Good morning everyone. • My presentation is about ... • Today I'm going to talk about / take a look at / examine / show you / ... • My presentation is in three parts: First ..., second/next/then ..., finally ...	
Mittelteil	• First, I'd like to tell you ... / I'll start with ... • Now I'll look at / talk about ... • I'd now like to move on to ... • This leads me to my next/final point. • On the one hand ..., on the other hand ... • For example, / To give you an example: ... • I did a survey ... Here's what I found out: ... • I'd like to show you ... • This picture/graph/chart shows ... • Let's have a look at ... • As you can see, ...	
Schluss	• To summarize, I ... • That's the end of my talk. • Thank you for listening. • Do you have any questions?	

Schritt 6: Übe deinen Vortrag ein. Wenn du dich einigermaßen sicher fühlst, halte deinen Vortrag möglichst frei vor einem Spiegel, einer Freundin oder einem Freund oder deinen Eltern. Du kannst dich auch mit dem Smartphone filmen. Achte auf Folgendes:

- Begrüße dein Publikum und halte stets Blickkontakt.
- Sprich laut, deutlich und nicht zu schnell, verzichte auf „ähs".
- Benutze deine eigenen Worte und kurze Sätze.
- Nimm eine lockere, aufrechte und freundliche Haltung ein.
- Nutze deine Hände, um etwas zu zeigen oder um deine Argumentation durch Gestik zu unterstützen. Wenn du die Hände gerade nicht brauchst, halte sie locker wie eine Schale auf Höhe der Gürtellinie.

Tipp

Du darfst Stichworte als Gedankenstütze mit in die Prüfung nehmen. Das gibt dir Sicherheit. Du solltest aber auf keinen Fall ganze Sätze von deinen Karten ablesen.

Tipp

Stopp die Zeit, die du für deinen Vortrag brauchst. Sind es mehr als fünf Minuten, solltest du überlegen, welche Idee du weglässt. Sind es weniger als fünf Minuten, solltest du nach weiteren Ideen suchen.

Schritt 7: Bewerte dich selbst oder lass dich bewerten. Dafür kannst du diese Checklisten verwenden (☺ / 😐 / ☹):

Inhalt und Darstellung (maximal fünf Punkte):	
Du hast das Thema ausführlich bearbeitet und viele Informationen gegeben.	
Dein Vortrag war gut strukturiert (Einleitung, Mittelteil, Schluss).	
Du hast dein Thema anschaulich dargestellt und passende Medien verwendet.	
Du hast dem Publikum den Aufbau deiner Präsentation (Gliederung) erläutert.	
Du hattest Blickkontakt zu deinem Publikum.	
Du konntest auf Rückfragen Antwort geben.	

Sprache (maximal fünf Punkte):	
Du hast flüssig und gut verständlich gesprochen.	
Du hast weitgehend frei gesprochen.	
Deine Aussprache war weitgehend korrekt.	
Du hast kaum oder nur wenige Fehler (Wortschatz, Grammatik) gemacht.	
Du hast einige typische Redewendungen benutzt.	

Teil 2: Dialogisches Sprechen

Beim zweiten Teil der Prüfung führst du mit dem anderen Prüfling oder deiner Lehrkraft einen möglichst realistischen Dialog.

Meist wird euch dafür ein Thema, ein Diskussionsanlass oder eine Situation vorgegeben, in der ihr eine bestimmte Rolle übernehmen sollt. Manchmal erhaltet ihr auch Informationen *(prompts)*, die ihr einbeziehen sollt, oder eine Auswahl an Bildern. Sie sind nicht als Grundlage für eine Bildbeschreibung gedacht, sondern sollen euch Ideen für euren Dialog geben oder ihr sollt dazu eure Meinung sagen.

Beispiel 1: Kennenlernen und *Small talk*

Zu Beginn dieses Teils der Kommunikationsprüfung könnte die Lehrkraft sagen:

I'd like you to pretend that you don't know each other. Ask questions to find out as much information as possible about each other.

Tipp

Hier geht es oft um Standardsituationen wie Restaurantbesuche, Verkaufsgespräche, Hotelbuchungen, Auskünfte (Flughafen, Bahnhof, Touristeninformation etc.), Wegbeschreibungen, Planungsgespräche, Diskussionen oder *small talk*.
Es lohnt sich, Redewendungen und Wörter zu solchen Situationen zu sammeln. Im Internet gibt es Listen mit nützlichen *phrases*. Eine kleine Auswahl findest du auch auf S. 11.

Tipp

Vor der Prüfung:

Wiederhole das **Buchstabieren** auf Englisch (A/R, E/I, G/J …). Welcher Name ist z. B. ESS–OH–PEE–AITCH–EYE–EE?

Bereite **Mindmaps** zu typischen Small-talk-Themen wie Hobbys, Familie etc. vor.

Wiederhole die **Fragebildung** und bereite einige Fragen vor:
Have you ever …? When did you first …?
How long have you been …?
Do you often …?

So kommt ihr miteinander ins Gespräch:

Hello. What's your name?

Hi! My name is Nayla. And what's your name?

My name is Felix. How do you spell your name? I've never heard it before.

It's a name from Hawaii. It's spelled N-A-Y-L-A. How are you today, Felix?

I'm fine, thanks. But I feel a bit nervous. What about you?

... So where do you live?

... What are your favourite books/films/subjects/activities/...?

Tipp

Während der Prüfung:

Euer Gespräch soll möglichst natürlich klingen! Antworte nicht einsilbig, stelle Rückfragen:

How are you today?

Antworte ...
nicht: *Fine. / Bad.*
sondern: *I'm fine, thanks. But I feel a bit nervous. What about you?*

Do you have any brothers or sisters?

Antworte ...
nicht: *Yes. / No.*
sondern: *Yes, I do. My sister is ten and ...*

No, I don't. I'm an only child, and that's the way I like it.

Wende dich deinem Gesprächspartner zu und halte immer Blickkontakt!

So kannst du üben – am besten mit einer Partnerin oder einem Partner:

Schritt 1: Bereitet mindestens sechs Fragen vor, durch die ihr etwas über euren Gesprächspartner erfahrt:

- drei Fragen mit einem Fragewort *(Who/What/Where/When/Why/How ...?)*:

____

____

____

- drei Entscheidungsfragen (Fragen, die man mit ja oder nein beantworten kann):

____

____

____

Tipp

Schreibt zahlreiche Fragen auf Karteikarten. Zieht nun abwechselnd eine Karte und beantwortet die Fragen, bis der Stapel aufgebraucht ist.

Wenn ihr noch Schwierigkeiten mit der Fragebildung habt, wiederholt mit den interaktiven Übungen auf www.scook.de.

Tipp

Es geht bei diesem Teil der Prüfung nicht darum, dass du wahrheitsgemäß antwortest, sondern dass ein sinnvolles, flüssiges Gespräch entsteht. Wenn dir eine Frage zu persönlich ist oder du keine Meinung hast, kannst du die Antwort erfinden, solange es passend und nachvollziehbar ist.

Schritt 2: Beantwortet die Fragen eures Partners oder eurer Partnerin. Denkt daran: Seid nicht einsilbig, stellt Rückfragen! Hier sind einige mögliche Fragen, falls du alleine übst.

How do you spell your name?

How do you get to school every day?

How old are you?

What are your plans for the future?

What are your favourite subjects at school?

Where do you live?

Do you enjoy living in your town? Why (not)?

Have you ever been to an English-speaking country?

What's your dream holiday like?

Do you have any brothers or sisters?

Which languages do you speak?

Tipp

Weitere Aufgaben zum Üben:

- *Imagine you meet an old childhood friend on the bus. Answer your friend's questions and ask questions to catch up with him or her. You can talk about common friends, your school, your current hobbies, your new neighbourhood, etc.*
- *You're on holiday with your parents and bump into your English teacher. Talk about your holidays – your accommodation, the things you've done and seen so far and what activities you've planned for the next days.*
- *You're at your favourite store. In the queue at the check-out you meet your new neighbour. Chat together – for example about what you want to buy, about recommendations for shopping in your town, about your neighbourhood, etc.*
- *Imagine you're on holiday in London. You are lost and ask somebody for the way. The person tells you the way and then asks you where you're from. Make small-talk about London, your holidays and your home town.*

Small-talk phrases:

- Hi! It's great to see you again! / I haven't seen you since Christmas. / I haven't seen you in ages/years!
- How are you? / How are things? / How are you doing? / How is life? / ...
- The last time I saw you, you were planning to move to ...
- I remember you were looking for a weekend job / internship / ...
- Are you still in school? / Are you still working for ...? / Do you still live in ...? / Are you still in touch with ...? / ...
- Congratulations! / That's cool/great/fantastic! / That's awful/terrible. / I'm sorry to hear that. / ...
- How are your parents? / How is Ben doing? / Please say hi to him/her/them for me.
- It's been great to see you again, but I have to run. / Sorry, I have to go – I have an appointment. / ...
- Look, let's catch up again – what about next week at ...? / Listen, we should talk again soon. / ...

Tipp

Oft schlüpfst du in diesem Teil der Prüfung in eine Rolle. Denke während des Gesprächs an deine Rollenvorgaben!

Beispiel 2: Meinungsäußerung

Der Prüfer oder die Prüferin könnte sagen:

I'm going to describe a situation to you: you share a flat with a friend and you want to buy a pet together. Talk about different pets. Then decide which one to choose. Explain why and discuss your opinions. Here is a picture with some ideas to help you.

Tipp

Tipps für eine gelungene Gesprächsführung:
Ergreife die Initiative: *Shall I go first?*

Höre deiner Partnerin zu und halte Blickkontakt.

Frage nach, wenn du etwas nicht verstanden hast:
Could you say that again, please?
Sorry, what did you say?

Nimm Bezug auf das, was dein Partner sagt:
Yes, I agree that cats are very independent, but ...
That's a good point, but ...
That's true. I once had a parrot and ...

Stelle interessierte Fragen oder Rückfragen:
A snake? Really? Do you know anybody who has a snake?
What do you think about ...?
So what's your favourite ...?
Do you prefer ... or ...?
Why do/don't you like ...?

Bringe deine eigenen Erfahrungen ein, gib Beispiele:
A friend of mine has a rat and ...
In my experience dogs need ...

Gewinne Zeit zum Nachdenken:
That isn't easy to say. Let me think ...
Hang on a second ...
My favourite pet? Well ...

Tipp

Wenn du ein Bild gezeigt bekommst, wird keine detaillierte Bildbeschreibung von dir erwartet! Das Bild dient vielmehr als Gesprächsaufhänger für ein bestimmtes Thema, z. B. *bullying, fair trade* oder *social media*. Trotzdem kannst du einleitend in ein bis zwei Sätzen sagen, was auf dem Bild zu sehen ist.

Anschließend wird aber von dir erwartet, dass du das Bild in einen größeren Zusammenhang einordnest, mit deinem Partner über das Thema oder die Situation auf dem Bild diskutierst oder dich in die Personen auf dem Bild hineinversetzt und aus deren Perspektive ein Gespräch führst.

So kannst du üben – am besten mit einer Partnerin oder einem Partner:

Schritt 1: Notiert euch wichtige Redemittel zur Meinungsäußerung (s. u.) auf Karteikarten. Zieht jeweils fünf Karten und versucht, diese Redemittel in eurer Diskussion unterzubringen.

Schritt 2: Stellt eine Stoppuhr auf eine Minute. Sammelt jeweils ein bis zwei Argumente für eure drei bevorzugten Haustiere – jede(r) für sich.

Schritt 3: Stellt euch nun eine Stoppuhr auf fünf Minuten und diskutiert gemäß Aufgabenstellung.

Tipp

Achtung! In der Prüfung hast du in der Regel nur wenige Sekunden Zeit zum Überlegen. Übe mit anderen Themen und gib dir selbst immer weniger Zeit zum Nachdenken. Kurz vor der Prüfung solltest du in der Lage sein, dich spontan zu äußern.

Auch hier gilt: Es muss nicht deine wirkliche Meinung sein! Wenn du wenig Ahnung von dem Thema hast, stelle Vermutungen an: *I'm not quite sure, but ... / This could mean ...*

Tipp

Weitere Situationen und Themen zum Üben:

- *There's a new student in your class. Your teacher asked you to show the student around your town. Talk about what places you will show him or her. Decide together which three places you are going to go to and where to go first. Explain why and discuss your opinions.*
- *Your class has raised €500 for charity. Which charity do you think should get the money? Discuss different ideas and come to a decision.*
- *You and your friend are planning a movie night. Which genres or series do you like? Discuss your ideas and agree on a list of three films.*
- **Partner A:** *Your parents are angry with you. They say you spend too much time on your computer. Try to convince them that the computer is important for you and that your life is on track. Be willing to compromise.*
  Partner B: *Your son/daughter is spending a lot of time on his/her computer and you fear that he/she is not doing enough homework, sports or chores. Talk about rules and be willing to compromise.*
- *Is online shopping a good thing or a bad thing? Discuss advantages and disadvantages of online shopping. Think about the consequences for towns, cities and local shop owners.*
- **Partner A:** *Your best friend has got a new partner who you don't like at all. Your friend doesn't have time for you anymore and you think the partner is a bad influence.* **Partner B:** *You have a new partner and are very happy, but your best friend seems to be jealous. Have a friendly conversation about this problem, try to put yourself into your friend's position and find a solution.*

Stating your opinion:
- In my opinion ... / In my view ...
- Well, I'd say ... / If you ask me, ...
- (Personally,) I (don't) think/feel/believe ...
- To start with, I'd like to point out that ...
- I'd prefer to ... / not to ...
- I'd like / I don't like / I dislike ...
- I (don't) doubt that ...
- I'm (not) sure/certain ...

Asking for your partner's opinion:
- How do you feel about this / see this?
- What's your opinion/view (on/about) ...?

Interrupting, dealing with interruptions:
- Can I ask you something?
- Excuse me, but ...
- I'm sorry to stop you, but ...
- Could you let me finish, please?
- Excuse me, but I wasn't done yet.

Asking for clarification:
- Sorry, I didn't get that.
- Are you saying that ...?
- Could you please give an example of ...?
- Could you say that again, please?

Disagreeing:
- I'm afraid I don't (quite) agree (there).
- I'm not so sure, really.
- Well, that's one way of looking at it, but ...
- I don't believe/think that at all.
- I definitely disagree.

Agreeing, compromising:
- I quite agree. / You're quite right.
- You've got a good point there. / I think so too.
- That's a good idea. / That's true.
- I agree completely. / You're absolutely right.
- Let's find a compromise.
- Can we find a compromise?

Beispiel 3: Auskünfte einholen und geben

Die Prüferin oder der Prüfer könnte sagen:

Partner A: *You're planning a trip to London with your parents and a friend. You call a Bed & Breakfast to make a reservation. This is your role card.*

Partner B: *You work as a receptionist at a Bed & Breakfast in London. Somebody calls to make a reservation. This is your role card.*

Making a reservation — A

You're planning a trip to London with your parents and a friend. You call a Bed & Breakfast to make a reservation. Talk about:

- period of travel: 15–22 April
- budget per night: £160
- meals (breakfast, dinner)
- the neighbourhood (shops, restaurants, sights, noise, ...)
- transport: Tube station?
- arrival and departure
- payment (euros, credit card, cash, ...)
- leave luggage?

Making a reservation — B

You work as a receptionist at a Bed & Breakfast in London. Somebody calls to make a reservation. Talk about:

- period of travel? rooms?
- twin room: £75, single room: £45
- vacancies 15–22 April: two twin rooms, two single rooms
- breakfast included, no dinner
- the neighbourhood (shops, restaurants, sights, ...)
- how to get there
- check-in and check-out times
- payment (euros, credit card, cash, ...)

Tipp

Versuche, dich in die Situation hineinzuversetzen. Als **Partner B:** Das Telefon klingelt, du meldest dich – sprichst also als erstes. Als **Partner A:** Du stellst dich vor und nennst dein Anliegen:

B: *Riverside Bed & Breakfast, Alex speaking. How can I help you?*

A: *Hello, this is Mia Muster calling from Germany. I'm calling to ...*

Tipp

Wie schon in den anderen Prüfungsbeispielen kannst du auch hier Angaben erfinden, wenn deine Rollenkarte keine Information dazu hat.

In diesem Beispiel geht es nämlich nicht primär um genaue Kenntnisse über London. Vielmehr sollst du zeigen, dass du auf Englisch kommunizieren kannst und dass du in der Lage bist, spontan und angemessen auf die Situation und deinen Gesprächspartner zu reagieren.

So kannst du üben – am besten mit einer Partnerin oder einem Partner:

Schritt 1: Seht euch zunächst beide Karten an (**A** und **B**). Sammelt dann Redewendungen, die zu den Stichwörtern auf den Karten passen. Dabei gibt es natürlich mehrere Lösungen! Ergänzt die Vorschläge in der Tabelle:

Tipp

Oft geht es hier um das Datum oder Uhrzeiten, um Telefonnummern und E-Mail-Adressen, um Adressen oder um Preisangaben. Diese Dinge kannst du vor der Prüfung gut üben! Nutze dafür auch die Kästen auf S. 23.

	Partner B	Partner A
starting the phone call	Riverside Bed & Breakfast, Alex speaking. How can I help you?	• Hello. This is ... calling from Germany. • Good afternoon. My name is ... • I'm calling to ... / I'm phoning because ... • I'd like to make a reservation for ... • I'm interested in booking two rooms ... • Do you have any vacancies?
period of travel	• What date are you looking for? • What is the exact date of your arrival? • How long will you be staying? • How many people is the reservation for? • Let me see if we have any vacancies during that period.	• We'll arrive on 15th April and stay for a week. • We're two adults plus my friend and me. • ...
budget	• OK. We have one twin room left, it's £ 75 per night. And two singles for £ 45 each. • Let me check again. Oh, there's another twin room. • That's £ 150 per night altogether.	• Oh, that's a bit more than our budget allows. • We'd prefer to have two twin rooms. • Perfect, thanks. • Does that include breakfast? • Is breakfast included?
meals	• Yes, the price includes a full English breakfast. • ...	• Great. And do you offer dinner, too? • ...
location	• No, we don't offer dinner, but there are many restaurants in the neighbourhood. • ...	• OK, that sounds good. • So can you tell me more about the neighbourhood? • ...
transport		
arrival, departure (check-in, check-out)		
payment		

	Partner B	Partner A
luggage		
ending the phone call		

Schritt 2: Führt nun den Dialog zweimal: jeder einmal in jeder Rolle (A/B) und ohne eure Notizen!

Tipp

Weitere Situationen und Themen zum Üben:

- **Partner A:** *You're at a restaurant with two friends. One of you is vegetarian. You each have €20 to spend. Ask the waiter about today's menu, then order food and drinks for everybody.* **Partner B:** *You're a waiter at a restaurant. Answer your customer's questions, give recommendations and take the order.*
- **Partner A:** *You're at the check-in counter at the airport. Your suitcase is so heavy that it's over the baggage limit. You would like to have a window seat. Talk to the passenger service assistant.* **Partner B:** *You're a passenger service assistant at the check-in counter at the airport. Ask the customer for his/her ticket, tell him/her about extra fees for heavy baggage and find a seat for him/her.*
- **Partner A:** *You want to buy a used bike and found an online advert. Call the seller and find out about the bike's features and condition. Talk about the price and arrange a pick-up.* **Partner B:** *You want to sell your old bike, so you put an advert online. Somebody saw your advert and calls you. Give more information about the bike's features and condition. Talk about the price and arrange a pick-up.*

Schritt 3: Bewertet euch nun gegenseitig oder lasst euch Feedback von einer dritten Person geben. Dafür könnt ihr diese **Checklisten** verwenden (☺ / 😐 / ☹). Sie gelten für **alle Beispiele zu Teil 2** der Kommunikationsprüfung.

Situation und Reaktion:	
Du hast dich schnell auf die geschilderte Situation und das Thema eingelassen.	
Du hast das Gespräch mitgestaltet, Initiative ergriffen, das Gespräch mit aufrechterhalten.	
Du bist auf deinen Partner oder deine Partnerin eingegangen, hast angemessen reagiert.	
Du hast dich an allgemeine Gesprächsregeln gehalten (Begrüßung, Höflichkeit etc.)	
Du hattest Blickkontakt zu deinem Partner oder deiner Partnerin.	

Sprache:	
Du hast flüssig und gut verständlich gesprochen.	
Du hast einen der Situation angemessenen, breiten Wortschatz verwendet.	
Deine Aussprache war weitgehend korrekt.	
Du hast kaum oder nur wenige Fehler (Wortschatz, Grammatik) gemacht.	
Du hast einige typische Redewendungen benutzt.	

Teil 3: Sprachmittlung

Beim dritten und letzten Teil der Kommunikationsprüfung wird dir eine Situation vorgegeben, in der du die Rolle des Dolmetschers zwischen einer englischsprachigen und einer deutschsprachigen Person übernimmst. Diese Rollen werden von dem anderen Prüfling und/oder deiner Lehrkraft übernommen und du musst spontan (ohne Vorbereitungszeit) zwischen beiden vermitteln. So könnte die Aufgabe aussehen:

At the football club
You're at the football club and meet Adelola, a girl from Nigeria. She would like to join the club and has some questions. But Adelola doesn't speak German and the coach doesn't speak English. Can you help them?

Adelola	Mediation (you)	Coach
I've played football in a mixed team for five years and I'd like to know if you have a mixed team at this club.		
	Das Mädchen … ______________	
		Wir hatten bisher immer getrennte Mannschaften für Jungen und Mädchen. Wir planen aber für nächstes Jahr mindestens eine gemischte Mannschaft für jede Altersgruppe.
	______________	
OK, so you do have a girls' team for girls my age?		
	______________	

Adelola	Mediation (you)	Coach
		Ja, wir haben eine Mannschaft für Mädchen zwischen 12 und 16 Jahren. Die spielen aber noch nicht so lange.
	______	
That's OK with me. And when do they practise?		
	______	
		Die Mädchenmannschaft trainiert freitags um 16 Uhr. Sie kann gerne nächste Woche kommen. Hier ist eine Broschüre mit Anmeldeformular.
	______	
Thank you so much! I will be there. See you then!		

So kannst du üben:

Schritt 1: Lies dir einmal das gesamte Dialoggerüst durch. Mache dir klar, wann du auf Englisch und wann du auf Deutsch sprechen musst. Löse dann die Aufgabe mithilfe der Tipps einmal schriftlich – zur Übung. In der Prüfung hast du keine Vorbereitungszeit!

Tipp

Sprachmittlung ist keine wörtliche Übersetzung. Du musst nur das Wesentliche wiedergeben. Unwichtige Details, Füllwörter oder Ausrufe kannst du ruhig weglassen.

Adelola sagt: *That's okay with me. And when do they practise?*

Du sagst: (Das macht ihr nichts.) Und wann ...?

Schritt 2: Such dir zwei Partner, die die Rollen von Adelola und dem Trainer übernehmen. Macht nun zwei mündliche Durchgänge – einmal mit deinen Notizen aus Schritt 1, einmal ohne.

Schritt 3: Brauchst du noch Übung mit dem Perspektivwechsel (Wechsel der Pronomen)? Stell dir vor, du bist mit deinem Vater im Ausland beim Arzt, und fülle diese Tabelle aus:

Tipp

Achtung, Perspektivwechsel!

Adelola sagt:	*I'd like to know ...*
Du sagst:	Das Mädchen (oder: Sie) möchte wissen ...
oder:	
Der Trainer sagt:	Sie kann gerne nächste Woche kommen.
Du sagst:	*You can ...*

Dein Vater sagt ...	... und so gibst du das an die Ärztin weiter:
Sag der Ärztin bitte, dass **ich** Kopfschmerzen habe.	*He has a headache.*
Und **ich** habe Halsschmerzen.	________ *a sore throat.*
Können **Sie mir** helfen? Kann **sie mir** helfen?	*Can* ______ *help* ______ *?*
Kann **ich** mit Kreditkarte zahlen?	________ *by credit card?*
Ich habe leider kein Bargeld.	________ *any cash.*

Die Ärztin sagt ...	... und so gibst du das an deinen Vater weiter:
I can give **him/you** painkillers for **his/your** headache.	*Sie kann dir ein Schmerzmittel gegen deine Kopfschmerzen geben.*
He/You shouldn't take more than three per day.	
He/You should drink a lot.	
Sorry, **we** don't take credit cards.	
I can tell **you** where the nearest cash machine is.	
Call **me** if **you**'re still sick next week.	

Tipp

Duzen und Siezen

Wenn du aus dem Deutschen ins Englische vermittelst, kannst du die Frage Duzen oder Siezen ignorieren, denn im Englischen ist es immer *you(r)*.

Beispiel: Können **Sie** bar zahlen? → *Can **you** pay cash?*
Kannst **du** bar zahlen? → *Can **you** pay cash?*

Wenn du aber aus dem Englischen ins Deutsche vermittelst, musst du überlegen, wie du das englische *you(r)* wiedergibst. Redest du mit einer Person, die du eher duzen oder eher siezen würdest?

Beispiel: ***You** should drink a lot.* → **Sie** sollten viel trinken. (zu fremden Erwachsenen)
→ **Du** solltest viel trinken. (zu jungen Leuten, Bekannten, deinen Eltern ...)

Schritt 4: Jetzt bist du dran! Nun übst du mit einer neuen Aufgabe – diesmal (wie in der Prüfung!) ohne Vorbereitung. Um die Prüfungssituation am besten nachzuahmen, suchst du dir zwei Partner und stellst eine Stoppuhr auf fünf Minuten.

At the lost and found
Aedan from Ireland is visiting you. He lost his phone on the bus, so you go to the lost and found office with him. But Aedan doesn't speak German and the assistant doesn't speak English. Can you help them?

Aedan	Mediation (you)	Assistant
Excuse me. I lost my phone on the bus yesterday. Has it been turned in?		
	Er ... ______	
		Ich brauche da ein paar mehr Details. Wann und wo hat er es denn verloren?
	______	
It must have been on bus route 11, towards the centre, at around 6 pm. That was the last time I used it.		
	______	

Aedan	Mediation (you)	Assistant
		Und wie sieht es aus? Hat es irgendwelche besonderen Merkmale?
	______________ ______________ ______________ ______________	
It's a white Sumsang BX7. The screen is slightly cracked on the top right corner, but otherwise it works fine.		
	______________ ______________ ______________ ______________ ______________ ______________	
		Tut mir leid. Ein solches Handy wurde nicht abgegeben. Aber hier ist ein Formular, da kann er alles eintragen. Und wir melden uns, wenn es doch noch auf- taucht.
	______________ ______________ ______________ ______________ ______________ ______________ ______________	
Hm, OK. Thank you very much.		

Tipp

Was tun, wenn dir ein englisches Wort nicht einfällt? Gib nicht gleich auf!

- Lass das Wort weg, wenn es nicht so wichtig ist:

Zurzeit gibt es **leider** keine gemischten Mannschaften.	→ *(Unfortunately) there are no mixed teams at the moment.*

- Verwende eine andere Formulierung, mit der du die wesentliche Information genauso gut wiedergibst:

Er hat **Kopfschmerzen**.	→ *His **head** is **hurting**.*
Die Mädchenmannschaft **trainiert** um 16 Uhr.	→ *The girls' team **meets** at 4 pm.*
Wir **melden** uns, wenn ...	→ *They will **call/tell/email** you if ...*
... das Handy doch noch **auftaucht**.	→ *... the phone **is found** / somebody **turns in** the phone.*

- Benutze das verneinte Gegenteil:

Seine Eltern **leben getrennt**.	→ *His parents **don't live together**.*

- Verwende Oberbegriffe/Unterbegriffe:

Wir müssen **Tulpen und Astern** kaufen.	→ *We have to buy **flowers**.*
Haben wir genug **Geschirr**?	→ *Do we have enough **cups and plates**?*

- Sag es simpel:

Selbstbedienung	→ *There's no waiter/waitress.*
Schienenersatzverkehr	→ *There's no train, so we have to take the bus.*

Schritt 5: Bitte deine Partner, dich zu bewerten. Dafür könnt ihr diese Checkliste verwenden (☺ / 😐 / ☹).

Sprachmittlung	
Du hast die wesentlichen Informationen vollständig und sinngemäß wiedergegeben.	
Du hast, wenn nötig, die Perspektive (das Pronomen) gewechselt.	
Du hast landestypische Besonderheiten (z. B. *am/pm* bei Uhrzeiten) angemessen wiedergegeben.	
Du hast einen breiten und passenden Wortschatz verwendet.	
Du hast Wörter, die dir nicht einfielen, angemessen ersetzt oder umschrieben.	
Du hast kaum oder nur wenige Fehler (Grammatik, Wortschatz) gemacht.	
Du hast weitgehend flüssig und verständlich gesprochen.	

3. Nützliches für die Kommunikationsprüfung

Phone numbers:

Bei Telefonnummern sagt man *oh* für die Null:
0162 2083640 =
oh-one-six-two, two-oh-eight-three-six-four-oh

Email addresses:

karate-kevin@example.net
karate-**dash**-kevin-**at**-example-**dot**-net

The date:

Wiederhole die Monate und Wochentage! Beachte:

Man schreibt:	Man sagt:
1st March	the first of March
2nd May	the second of May
3rd June	the third of June
4th August	the fourth of August
5th October	the fifth of October
21st December	the twenty-first of December

The time:

8.00	eight o'clock
8.10	ten past eight
8.15	a quarter past eight
8.30	half past eight
8.40	twenty to nine
8.45	a quarter to nine
am	morgens/vormittags
pm	nachmittags/abends

British money:

Man schreibt:	Man sagt:
50 p / £ 0.50	fifty p (pence)
£ 2.00	two pounds
£ 3.50	three pounds fifty
£ 3.99	three pounds ninety-nine

Describing charts:

- This chart is about / deals with / shows / compares / is divided into / highlights / ...
- It is taken from the website/book/magazine/article/report/brochure/...
- I have chosen this table / pie chart / bar chart / line graph / flow chart / ... because I think ...
- ... has the (second/third/...) largest (number of) ... / ... is (twice / three times / ...) as big as ... / ... is bigger than ...
- I did a survey about ... and here's what I found out: most pupils in my class say ...
- More/Less than ... percent of the people I asked / interviewed / talked to ...
- Only one third/fourth/... of the population say / think / want to / like / have / ...
- The number ... goes up / increases / grows by / goes down / sinks by / remains stable / does not change / ...
- This is (not) surprising because ... / This means that ... / This explains why ... / So we can conclude that ...

Wirf nicht mit Zahlen um dich, sondern ziehe Schlussfolgerungen daraus! Verzeichne deine Quellen!

Teil A: *Listening comprehension* (Hörverstehen)

1. Ablauf und Bewertung

Der Ablauf beim Hörverstehen

Für den Prüfungsteil Hörverstehen (Teil **A** der Prüfung) hast du 30 Minuten Zeit.

Das Hörverstehen besteht meist aus vier unterschiedlichen Aufgaben (Parts), die thematisch nicht miteinander zusammenhängen. In jedem dieser Parts hörst du einen oder mehrere Hörtexte in unterschiedlichen Längen. Dazu löst du dann verschiedene Aufgaben, z. B.:

- *True or false?*
- *Multiple choice* mit Satzanfängen oder Fragen
- *Note taking*, z. B. in einer Tabelle oder einem Cluster
- *Matching*

Zunächst hast du fünf Minuten Zeit, um die Aufgaben durchzulesen. Dann wird die Tonaufnahme ohne Unterbrechung abgespielt (ca. 20–25 Minuten). Sie enthält die Arbeitsanweisungen sowie die eigentlichen Hörtexte, die du jeweils zweimal hintereinander hörst. Natürlich bekommst du auch etwas Zeit, um deine Lösungen auf dem Aufgabenblatt einzutragen.

Tipp

Die Hörtexte enthalten meist viele Details. Nutze daher die Möglichkeit, die Aufgaben vor dem Hören durchzulesen. So kannst du deine Aufmerksamkeit besser auf die Details lenken, die für die Aufgabe wichtig sind.

Am Ende von Teil **A** der Prüfung werden die Aufgabenblätter eingesammelt und du hast 15 Minuten Pause.

Die Bewertung der Aufgaben zum Hörverstehen

Beim Hörverstehen kannst du insgesamt 20 Punkte erreichen. Deine Antwort wird entweder als richtig oder als falsch bewertet. Kreuzt du mehr Lösungen an als gefordert, z.B. bei Multiple-choice-Aufgaben, so werden dir Punkte abgezogen. Du kannst auch Punkte (oder halbe Punkte) verlieren, wenn z. B. zwei Fakten in ein Tabellenfeld eingetragen werden müssen, du aber nur einen hinschreibst oder richtig hast.

Ein Wörterbuch ist beim Hörverstehen nicht erlaubt. Du brauchst aber keine Angst vor Rechtschreibfehlern in deinen Antworten zu haben. Solange man versteht, was du geschrieben hast, werden dir in diesem Prüfungsteil keine Punkte abgezogen.

2. Aufgabenformate in Baden-Württemberg

In diesem Kapitel lernst du beispielhaft die wichtigsten Aufgabenformate kennen, die dir beim Realschulabschluss in Baden-Württemberg im Bereich Hörverstehen begegnen können.

Die Tipp-Kästen enthalten nützliche Strategien, wie du mit häufigen Schwierigkeiten umgehen kannst.

True or false?

Bei diesem Aufgabenformat wird die Information aus dem Hörtext meist etwas umformuliert und du musst entscheiden, ob die Aussage in Bezug auf den Hörtext noch korrekt ist oder nicht. Oft kommen hier Synonyme zum Einsatz, manchmal musst du aber auch ein bisschen „zwischen den Zeilen" lesen bzw. hören.

My foreign language experience

1

You will hear an interview with Paul Finnegan, an English teenager who travelled to France with his friend Phil. Decide whether the following statements are true or false.

		T	F
a)	Paul has always been interested in foreign languages.	☐	☐
b)	Paul didn't feel very confident about travelling to France.	☐	☐
c)	When Phil asked for the way in Calais, it was a positive experience.	☐	☐
d)	The Serbian boy wasn't very friendly at first.	☐	☐
e)	The four boys tried really hard to understand each other.	☐	☐
f)	The trip to France made Paul realize that you have to speak a foreign language perfectly if you want to communicate.	☐	☐

Tipp

Die Aussagen werden oft anders formuliert als im Hörtext. Dabei kommen (neben Synonymen und Antonymen) häufig auch Verneinungen zum Einsatz. Um zu beurteilen, ob die Aussage richtig oder falsch ist, kann es helfen, wenn du sie für dich positiv umformulierst, z. B. in

b) *Paul didn't feel very confident ...* → *Paul felt afraid/insecure/unsure/nervous/...*

d) *The Serbian boy wasn't very friendly ...* → *The Serbian boy was rude/unfriendly/mean/...*

Multiple choice

Bei diesem Aufgabentyp erhältst du Satzanfänge, die du mithilfe von (meist) drei vorgegebenen Satzenden vervollständigen sollst. Als Variante dazu kannst du auch Fragen mit verschiedenen Antwortmöglichkeiten bekommen.

Main Square and St. Mary's Basilica in Krakow

A visit to Krakow

2

You will hear a conversation between two friends about a visit to Krakow in Poland. One ending to each of the following sentences is correct. Tick the correct ending to finish the sentences.

a) Tim travelled to Krakow ...

A ☐ by train.

B ☐ by plane.

C ☐ by car.

Tipp

Bei Multiple-choice-Aufgaben hörst du oft nicht genau das gleiche Wort wie in den Lösungsmöglichkeiten **A**, **B** oder **C**, sondern andere Formulierungen, z.B. in **a)**:

- Statt *by train* hörst du vielleicht *at the station*.
- Statt *by car* hörst du vielleicht *we drove*.

Welche Formulierung könnte statt *by plane* kommen?

b) In Krakow Tim stayed ...

A ☐ with a family member in the suburbs.

B ☐ with a friend in the centre.

C ☐ in town, but not in the centre.

Tipp

Es kann sein, dass du ein Wort im Hörtext nicht kennst – wie hier wahrscheinlich *suburb*. Trotzdem kannst du oft auf die richtige Lösung kommen, wenn du das **Ausschlussverfahren** anwendest, z. B. in **b)**:
Du wirst hören, dass Tim seine Unterkunft im Internet bucht. Welche zwei Lösungsmöglichkeiten fallen dadurch wohl weg?

c) In Krakow Tim visited ...

A ☐ places with few tourists.

B ☐ the main tourist sights.

C ☐ places with not too many people.

Tipp

Vorsicht bei identischen Wörtern in Hörtext und Aufgabe! Sie deuten nicht unbedingt auf die richtige Lösung hin, z. B. in **c)**:
Im Hörtext kommt *main tourist sites* vor – wie in Lösung **B**. Ist **B** folglich die richtige Lösung? Nein! Wie könnte das zu erklären sein?

d) Tim made himself understood with English and ...

A ☐ no Polish, but lots of smiles.

B ☐ a little Polish and making signs.

C ☐ Polish that he learned at school.

e) Tim thinks that ...

A ☐ Krakow is too expensive.

B ☐ every visitor should know a few words of Polish.

C ☐ Krakow is changing fast.

Tipp

Bei Multiple-choice-Aufgaben werden einzelne Wörter aus dem Hörtext oft ersetzt durch:

- **Synonyme** (Wörter und Ausdrücke mit ähnlicher Bedeutung, wie *great – wonderful*)
- **Antonyme** (Wörter und Ausdrücke mit gegensätzlicher Bedeutung, wie *great – awful / not great at all*)

Dieses Wissen kann dir helfen, die richtige Lösung zu finden, z. B. in **d)**:

Synonyme:
a few words of Polish im Hörtext = *a little Polish* in **B**
use your hands im Hörtext = ______________ in **B**

Also ist **B** wahrscheinlich die richtige Antwort.

Antonyme:
taught myself im Hörtext ≠ *learned at school* in **C**
a few words of Polish im Hörtext ≠ ______________ in **A**

Also scheiden **A** und **C** wahrscheinlich aus.

The Niagara Falls

3

You will hear the audio track of a film about the Niagara Falls. Tick the correct answer to the questions below.

a) Where are the Horseshoe Falls located?

A ☐ in Buffalo

B ☐ in the USA

C ☐ in Canada and the USA

D ☐ in Canada only

b) How do people on the boat protect themselves?

A ☐ They put on mosquito spray.

B ☐ They wear raincoats.

C ☐ They get special helmets.

D ☐ They use umbrellas against the splashing water.

Tipp

Was kannst du tun, wenn du die entscheidende Stelle für Frage **a)** nicht gut verstanden hast?

Wende das **Ausschlussverfahren** an:

- Was erfährst du über Buffalo? Können die *Horseshoe Falls* also in Buffalo sein?
- Es geht in der Frage um die *Horseshoe Falls*, nicht um die beiden kleineren Wasserfälle. Dadurch scheidet eine weitere Antwort aus, nämlich _____ .
- Um dich zwischen den letzten beiden verbliebenen Antworten zu entscheiden, musst du beim zweiten Hören noch einmal ganz genau hinhören:

But these amazing falls, called the Horseshoe Falls, are the biggest and they're ______________ in Canada.

Die richtige Antwort ist also _____ .

Tipp

Vorsicht bei Frage **b)**! In den Lösungsmöglichkeiten **A–D** kommen Wörter vor, die du aus dem Hörtext erkennst *(spray, splashing)*. Das heißt aber nicht unbedingt, dass diese Lösungen richtig sind.

c) Why were the falls on the American side turned into a state park?

A ☐ Because Central Park is a state park too.

B ☐ To get money for the protection of the falls.

C ☐ To preserve their beauty.

D ☐ In order to allow more people to see the falls.

Tipp

Keine Panik, wenn du nicht alle Details über den Nationalpark *(state park)* verstanden hast! Bei Frage **c)** helfen dir folgende Strategien:

- Nutze dein **Weltwissen**! Welchem Zweck dienen Nationalparks normalerweise? Die Antwort hierauf spricht für Lösung ____ .
- **Ausschlussverfahren:** Was erfährst du über den Eintritt? Die Antwort hierauf schließt Lösung ____ aus.
- **Aufmerksamkeit:**
  Eine Lösungsmöglichkeit gibt eine wahre Tatsache wieder, ist aber trotzdem nicht die richtige Antwort auf die Frage. Das gilt hier für Antwort ____ .
  Eine andere Lösungsmöglichkeit greift ein zentrales Wort aus dem Hörtext auf, ist aber auch nicht richtig, nämlich Antwort ____ .

d) Where do the visitors stand?

A ☐ above the falls

B ☐ below the falls

C ☐ behind the falls

D ☐ in front of the falls

Tipp

In den Lösungsmöglichkeiten werden oft Synonyme für Wörter aus dem Hörtext verwendet, so auch in **d)**. Im Hörtext lautet die Ortsangabe *right next* ____________ ____________ .
Welche Lösung bedeutet ungefähr das gleiche?

e) Why did Annie Taylor decide to go over the falls?

A ☐ She was sad and wanted to kill herself.

B ☐ She wanted to do something special for her birthday.

C ☐ She had had too much alcohol.

D ☐ She wanted to use the event to make money.

f) What were the consequences of Annie Taylor's ride over the falls?

A ☐ The barrel was sold to a local wine producer.

B ☐ Annie Taylor had a severe head injury and went crazy.

C ☐ Nothing much – she only suffered some minor injuries.

D ☐ Lots of other people wanted to do the same thing.

Note taking

Bei diesem Aufgabentyp musst du gezielt bestimmte Informationen aus dem Hörtext heraushören und notieren. Dies tust du, indem du Notizen stichwortartig anfertigst oder ergänzt, meist in einer Tabelle oder in einem Cluster.

The Top of the Rock observation deck

4

You will hear a podcast about a famous sight in New York. Take notes to fill in the table.

Tipp

Bei diesem Aufgabentyp geht es – neben Namen – oft um Zahlen. Wiederhole daher vor der Prüfung die Kardinalzahlen *(one, two, three, ...)*, Ordinalzahlen *(first, second, third, ...)* und Jahreszahlen (1680, 1860, ...).

Tipp

Achte beim Zuhören auf Schlüsselwörter *(key words)*, die zu den Vorgaben in der Tabelle passen.

Die Informationen sind im Hörtext meist in der gleichen Reihenfolge wie in der Tabelle angeordnet. Du kannst die Informationen also der Reihe nach notieren.

Manhattan skyline from the Top of the Rock

The Top of the Rock observation deck	
a) number of buildings taller than 600 ft	
b) reason for buying tickets online	
c) price for 16 year olds	
d) advantage of Sun&Stars ticket	
e) tip for night visits	

Three British planes

5

You will hear three pilots talking about their favourite British planes in a radio show. Take notes to complete the cluster by adding missing facts.

Short Empire

a) *built by a company called Short Brothers*

b)

c)

Tipp

Der Hörtext enthält oft mehr Fakten, als du in das Cluster eintragen kannst. Du kannst die Fakten also selbst wählen. Wähle die, die du am besten verstanden hast und am besten wiedergeben kannst.

Du brauchst hier keine vollständigen Sätze zu schreiben, manchmal brauchst du aber ein Verb.

three British planes

Comet

d) *developed after World War II*

e)

f)

Concorde

g) *first flight in 1969*

h)

i)

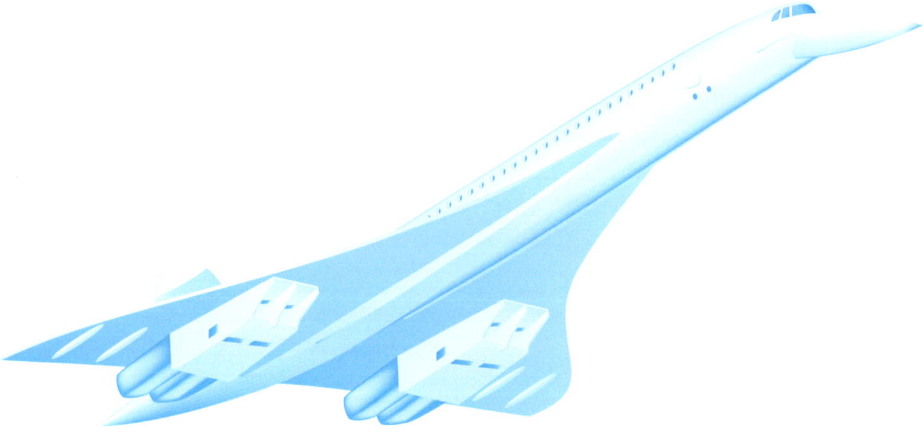

Matching

Es gibt verschiedene Arten von *Matching*-Aufgaben. So kann es sein, dass du Statements oder Gedanken aus dem Hörtext einem Sprecher zuordnen sollst. Es ist auch möglich, dass du Begriffe, Orte, Personen oder Themen aus dem Hörtext einer vorgegebenen Kategorie zuordnen musst. Meist gibt es mehr mögliche Lösungen, du kannst also nicht alle zuordnen.

Tipp

Die Statements kommen nicht wörtlich aus dem Hörtext, sondern sind umformuliert. Manchmal musst du auch „zwischen den Zeilen" lesen (bzw. in diesem Fall hören!), um die Statements korrekt zuordnen zu können.

Achtung! Die Statements sind nicht unbedingt in der derselben Reihenfolge aufgeführt, in der sie im Text vorkommen.

The D of E expedition

6

You will hear an interview with two young hikers on an expedition. What do the reporter, Katie and Jack think about the expedition? Write the correct person (reporter, Katie, Jack) next to the statement.
Be careful: Two statements don't fit. Mark these statements with a cross.

a) ______ Orientation is pretty difficult.

b) ______ I'm getting a bit impatient.

c) ______ I can't think of a reason why anyone would be doing this.

d) ______ I'm dead on my feet.

e) ______ This is so amazing!

f) ______ On an expedition you sometimes have to be creative.

g) ______ The bronze level is for inexperienced kids.

Skyways in the US and Canada

7

You will hear part of an interview with an architect about 'skyways' in Canada and the US. What does 'skyway' mean in each place? Write the correct place name (Burlington, Calgary, Jacksonville, Jasper National Park, Kissimmee, Stoney Creek) next to the explanation.

Be careful: Two explanations don't fit. Mark these explanations with a cross.

a)		an outdoor cinema with a large parking area
b)		a public transport vehicle in a city
c)		an overhead walkway for pedestrians
d)		a paragliding centre in the mountains
e)		a company providing air transport
f)		a highway bridge
g)		a cargo ship
h)		a cliff-edge walkway with a spectacular view

Tipp

Meistens sind mehr Lösungsmöglichkeiten als Begriffe vorgegeben. In diesem Beispiel können zwei Erklärungen nicht zugeordnet werden. Ordne zuerst die Erklärungen zu, die dir leichtfallen. Wenn du beim ersten Hören nicht alle Erklärungen zuordnen kannst, nutze auch das zweite Hören.

Skywalk in the Canadian Rocky Mountains

Teil B: *Text-based tasks* (Leseverstehen)

1. Ablauf und Bewertung

Für die Prüfungsteile **B** *(Text-based tasks)*, **C** *(Use of language)*, **D** *(Creative writing)* und **E** *(Interpreting)* hast du 120 Minuten Zeit, die du dir frei einteilen kannst. Plane also genügend Zeit für jeden Prüfungsteil ein und bedenke, dass du am Ende auch noch Zeit zum Korrekturlesen benötigst. Du kannst selbst entscheiden, mit welchem Prüfungsteil du anfängst.

In Teil **B** liest du zunächst einen Text von ca. 600 Wörtern. Das ist meist ein Sachtext (z. B. Zeitungsartikel), kann aber auch eine andere Textsorte (z. B. Romanauszug) sein. Dann bearbeitest du einige Aufgaben (Parts) zum Textverständnis, z. B.:

- *Matching*
- *True, false or not in the text?*
- *Note taking*
- *Multiple choice*
- *Answering questions in complete sentences*

Es empfiehlt sich, den Text zunächst einmal komplett zu lesen und dann während der Bearbeitung der Aufgaben einzelne relevante Textpassagen noch ein- oder zweimal zu lesen und ggf. zu markieren.

Beim Leseverstehen darfst du ein zweisprachiges Wörterbuch verwenden. Achte bei deinen Antworten immer auch auf eine korrekte Rechtschreibung und versuche, Grammatikfehler zu vermeiden.

Bei schweren Fehlern in der Grammatik oder Rechtschreibung verlierst du einen ganzen Punkt, bei leichteren Fehlern einen halben Punkt. Kreuzt du bei Multiple-choice-Aufgaben mehr Lösungen an als gefordert, so erhältst du null Punkte. Auch inhaltlich falsche Lösungen werden mit null Punkten bewertet.

Tipp

Wichtig! In der Prüfung bekommst du Papier, auf dem du deine Lösungen notieren sollst. Nur diese Lösungen zählen!

Achte darauf, deine Lösungen so zu notieren, dass man sie klar zu den Aufgaben zuordnen kann (Nummerierung, z. B. Teil B, Part 1: ...).

2. Aufgabenformate in Baden-Württemberg

In diesem Kapitel lernst du beispielhaft die wichtigsten Aufgabenformate kennen, die dir beim Realschulabschluss in Baden-Württemberg im Bereich Leseverstehen begegnen können.

Die Tipp-Kästen enthalten nützliche Strategien, wie du mit häufigen Schwierigkeiten umgehen kannst.

Beachte: Die Lesetexte in der *Training Section* dienen als Beispiele für bestimmte Aufgabenformate. Sie sind daher teilweise kürzer als in der Abschlussprüfung. Längere Lesetexte findest du in den Musterprüfungen ab Seite 78.

Matching

Es gibt verschiedene Arten von *Matching*-Aufgaben. Meist musst du eine Auswahl an Überschriften *(headings)* einzelnen Absätzen *(parts of the text)* zuordnen. Andere Möglichkeiten sind: die Zuordnung von Satzanfängen zu Satzenden, von Personen zu Aussagen, von Ländern zu Informationen etc. Fang mit den Zuordnungen an, die dir am leichtesten fallen.

Australia's Stolen Generations – a text from a museum

In 1915 the parliament of New South Wales in Australia gave government officials the power to take Aboriginal children away from their parents – at any time and for any reason, using force, if necessary. Other Australian states later did the same.

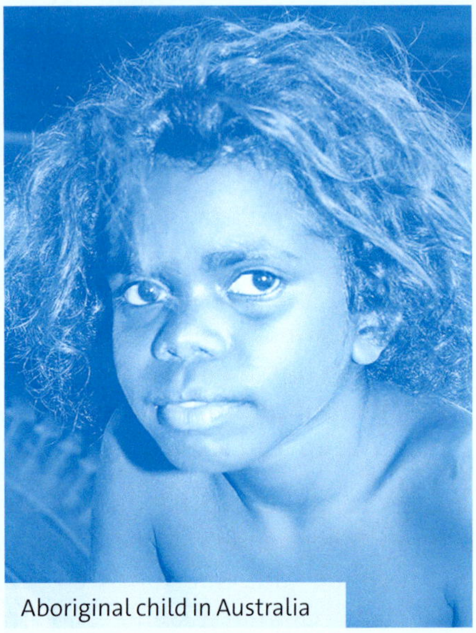
Aboriginal child in Australia

With the intention of assimilating them into white Australian culture, the children were housed in English-speaking institutions or foster families where they were not allowed to speak their own language. They were also given the typical foods of white Australians, even though they were not used to it.

The parents were not told where their children were, and the children were not allowed to get in touch with their parents. As a result, the children lost their connection with their families, their language, their music and their former way of life.

Over 250,000 Aboriginal children, some say as many as 500,000, were kidnapped in this manner and later subsumed under the term "stolen generations". According to current estimates, between one in ten and one in three Aboriginal children were affected until the 1970s, when the laws were finally changed.

Even after the end of the traumatic removal policy, it took the Australian government many years to apologize. Only after public pressure, in 1999, did the Australian Prime Minister, John Howard, agree to express the nation's "deep and sincere regret".

Read the text about Aboriginal people in Australia. Match the headings with the parts of the text. There are two more headings than you need. Example: h) – F)

a) Cruel advice
b) A terrible law
c) Large numbers
d) All alone
e) Saying sorry
f) Forced integration
g) Cutting the ties

A) lines 1–5
B) lines 6–11
C) lines 12–16
D) lines 17–20
E) lines 21–23

Tipp

Was hilft dir hier?

- **Synonyme** (Wörter mit ähnlicher Bedeutung), z. B.:
  say sorry (Aufgabe) = *apologize* (Text)
  integration (Aufgabe) = ______________ (Text)
- **Sammelbegriffe**, die stellvertretend für Beispiele im Text stehen, z. B.:
  large numbers (Aufgabe) = 250,000/500,000 (Text)

True, false or not in the text?

Bei diesem Aufgabentyp erhältst du Aussagen zum Inhalt des Textes. Oft wird die Information aus dem Text etwas umformuliert und du musst entscheiden, ob die Aussage in Bezug auf den Text noch korrekt ist oder falsch oder ob sie gar nicht im Text enthalten ist.

Tipp

Faustregel bei diesem Aufgabenformat:

- *true:* Die Information der Aussage ist identisch mit der Information im Text, auch wenn sie anders formuliert ist.
- *false:* Die Information der Aussage wird im Text klar widerlegt.
- *not in the text:* Die Information der Aussage ist weder identisch noch widerlegbar.

Read the text again. Decide whether the statements are **true**, **false** or **not in the text**.

Example: g) – not in the text

a) The child removal policy was introduced in the early 20th century.

____

b) The aim of the policy was to keep Aboriginal and white Australians separate.

____

c) More than half a million Aboriginal children were forcibly removed from their families.

____

d) Children who tried to escape were severely punished.

____

e) After a few years, the Aboriginal children were completely out of touch with their native culture.

____

f) The Australian Prime Minister was afraid that apologizing would be seen as a sign of weakness.

____

Tipp

Auch Zahlen können auf verschiedene Weise ausgedrückt werden. Überprüfe in a) und c):

im Text:	in der Aufgabe:	Ist die Bedeutung gleich oder ähnlich?
in 1915	*in the early 20th century*	ja / nein
250,000 to 500,000	*more than half a million*	ja / nein

Bedeutung gleich oder ähnlich: Aussage ist wahrscheinlich richtig!

Bedeutung unterscheidet sich stark: Aussage ist wahrscheinlich falsch!

Tipp

Achtung! Es geht bei diesem Aufgabentyp nicht darum, was vielleicht wahr sein könnte, sondern einzig und allein darum, ob sich der Sinn der Aussage so auch im Text findet *(true)* oder ob im Text explizit etwas anderes gesagt wird *(false)* oder ob der Text gar nichts dazu sagt *(not in the text)*, z. B. in d): Es ist ziemlich wahrscheinlich, dass die Kinder hart bestraft wurden, aber steht das auch im Text?

Tipp

Auch durch Sammelbegriffe anstelle von einzelnen Begriffen kann die gleiche Information etwas anders formuliert werden, z. B. in e):

im Text:	in der Aufgabe:
families, language, music, way of life	_ _ _ _ _ _ _

Note taking

Bei diesem Aufgabenformat sollst du dem Text gezielt Informationen *(reasons, facts etc.)* entnehmen und sie stichwortartig wiedergeben. Du brauchst keine vollständigen Sätze zu schreiben und du kannst auch aus dem Text zitieren.

Find **three reasons** why the removal policy was a traumatizing experience for Aboriginal children. Use the information from the text. Take notes.

a) ______________________________

____

b) ______________________________

____

c) ______________________________

____

Tipp

Der Text enthält oft mehr Informationen (Fakten, Gründe etc.), als du notieren sollst. Du kannst die Informationen also selbst wählen.

Achte aber darauf, dass sie sich inhaltlich unterscheiden. Dreimal dasselbe in unterschiedlicher Formulierung wird nicht akzeptiert.

Multiple choice

Eine weitere typische Aufgabe ist das Vervollständigen von Satzanfängen oder das Beantworten von Fragen mithilfe einer Auswahl an Möglichkeiten. In der Regel werden vier Lösungsmöglichkeiten vorgegeben und du sollst eine davon auswählen. Wählst du mehr als die geforderte Anzahl aus, so erhältst du null Punkte.

Read the beginning of the short story *Kasun*. Finish the sentences using the information from the text.

Example: f) – E

Kasun's first day at a new school

On the first day at my new school in Colombo I was scared stiff. Not that I showed it, of course. I pretended to be relaxed while all the time my knees were like jelly.

My mum appeared to be calm, but I knew her better than that. Her red eyes told their own story.

When I got to school, all the other kids in Grade 9 seemed to know each other, maybe because they all lived in Colombo. Even the teachers had the same accent as they did. But I was from Kuruwita, a smaller town outside the capital, and I felt like a fish out of water.

"Hey, what's your name?"

I turned round and saw a big boy. He was smiling. But was he talking to me? Or to somebody behind me? I didn't dare answer.

"Hey, what's the problem?" said the boy and took a step closer to me. I couldn't help see his big hands. Was he going to hit me?

"Do you think I'm going to bite you? Hi. I'm Sahan."

"I ... I'm Kasun," I stuttered. "I'm not from Colombo. I'm from Kuruwita, but I ..."

"Hey, calm down, you're talking too fast," laughed Sahan.

a) When he arrived at the new school, Kasun ...

- **A** ☐ hurt his knees, but tried to hide his pain.
- **B** ☐ felt so frightened that he could hardly move.
- **C** ☐ was embarrassed about his mother.
- **D** ☐ was relaxed at first, but then lost control.

Tipp

Wenn in einer Lösungsmöglichkeit die gleichen Wörter wie im Text auftauchen, heißt das nicht automatisch, dass diese Lösungsmöglichkeit richtig ist, z. B. bei *knees* in **a)** oder *relaxed* in **d)**.

Oft versteckt sich die richtige Lösung hinter Synonymen. Welches Synonym kennst du für *scared* im Text? Und wie könnte man *stiff* umschreiben?

b) Kasun's mother ...

- **A** ☐ was very talkative.
- **B** ☐ had an allergic reaction in her eyes.
- **C** ☐ looked like she had been crying.
- **D** ☐ left the school quickly.

Tipp

Viel erfährst du nicht über Kasuns Mutter, aber es ist von ihren roten Augen die Rede, die ihre „Geschichte" erzählen. Was könnte wohl die „Geschichte" der roten Augen sein?

c) The other kids made Kasun feel ...

- **A** ☐ really excited about making friends.
- **B** ☐ completely out of place.
- **C** ☐ like he belonged to them.
- **D** ☐ that Colombo was a dangerous place.

Tipp

Finde die Stelle im Text, wo es um Kasuns Gefühle geht *(keywords: feeling, feel, felt)*. Kasun benutzt hier eine Redewendung, die du vielleicht nicht kennst *(like a fish out of water)*. Wie fühlt sich wohl ein Fisch auf dem Trockenen?

d) The teachers at the new school ...

- **A** ☐ didn't speak to Kasun.
- **B** ☐ spoke a different language.
- **C** ☐ had the same dialect as Kasun.
- **D** ☐ spoke like most of the students.

Tipp

Such die Textstelle, wo es um Kasuns Lehrer geht. Dort findet sich ein Wort, das du vielleicht nicht kennst. Aber es gibt ein sehr ähnliches Wort im Deutschen. Wenn du dir immer noch unsicher bist, verwende dein Wörterbuch!

e) The big boy ...

- **A** ☐ was trying to be friendly.
- **B** ☐ wanted to punch Kasun.
- **C** ☐ insulted Kasun.
- **D** ☐ wasn't talking to Kasun at all.

Answering questions

Bei diesem Aufgabenformat werden von dir vollständige Sätze erwartet. Oft reicht ein Satz, aber manche Fragen verlangen auch zwei oder drei Aspekte *(items, facts)*. Fragen zum Text werden in der Regel in der Reihenfolge des Textes gestellt.

Read the text from *Kasun* again. Answer the questions in complete sentences by using the information from the text.

a) How do we know that Kasun is nervous?

b) Why doesn't Kasun answer the big boy's first question?

Tipp

Du musst vollständige Sätze schreiben! Eine *Why*-Frage solltest du daher nicht einfach nur mit *Because* ... beantworten. Oft hilft es, in deiner Antwort einen Teil der Frage zu wiederholen, z. B. in **b)**: *He doesn't answer because* ...

Dies gilt auch für die anderen Fragewörter *(What ...? How ...? When ...? Where ...? Who ...?)*.

c) What does Kasun think when the big boy comes nearer to him?

Teil C: *Use of language* (Wortschatz und Grammatik)

1. Ablauf und Bewertung

In der Regel bearbeitest du Prüfungsteil **C** *(Use of language)* im Anschluss an Prüfungsteil **B** *(Text-based tasks)*. Für die Prüfungsteile **B**, **C**, **D** *(Writing)* und **E** *(Interpreting)* hast du zusammengenommen 120 Minuten Zeit, die du dir frei einteilen kannst. Plane also genügend Zeit für jeden Prüfungsteil ein und bedenke, dass du am Ende auch noch Zeit zum Korrekturlesen benötigst.

In Teil **C** bearbeitest du Aufgaben (Parts) zum Wortschatz und zur Grammatik, von denen sich die meisten auf den Lesetext aus Prüfungsteil **B** *(Text-based tasks)* beziehen, z. B.:

- *Find synonyms/opposites*
- *Give a definition*
- *Complete the text*
- *Ask questions*
- *Paraphrasing*

Tipp

Deine Lösungen notierst du wieder auf dem Papier, das du bekommst.

Achte darauf, deine Lösungen so zu notieren, dass man sie klar zu den Aufgaben zuordnen kann (Nummerierung, z. B. Teil C, Part 1: ...).

Wie schon beim Leseverstehen, so darfst du auch in Prüfungsteil **C** ein zweisprachiges Wörterbuch verwenden. Bei schweren Fehlern in der Grammatik oder Rechtschreibung verlierst du einen ganzen Punkt, bei leichteren Fehlern einen halben Punkt. Kreuzt du bei Multiple-choice-Aufgaben mehr Lösungen an als gefordert, so erhältst du null Punkte.

2. Aufgabenformate in Baden-Württemberg

In diesem Kapitel lernst du beispielhaft die wichtigsten Aufgabenformate kennen, die dir beim Realschulabschluss in Baden-Württemberg im Bereich *Use of language* begegnen können.

Die Tipp-Kästen enthalten nützliche Strategien, wie du mit häufigen Schwierigkeiten umgehen kannst.

Find synonyms

Bei diesem Aufgabenformat gibt es zwei Varianten:

- einfachere Variante: Du sollst zu vorgegebenen Wörtern oder Ausdrücken Entsprechungen **im Text** finden, die mehr oder weniger das gleiche bedeuten.
- schwierigere Variante: Du sollst zu vorgegebenen Wörtern oder Ausdrücken **aus dem Text** eigenständig Entsprechungen finden, die mehr oder weniger das gleiche bedeuten.

Tipp

Wichtig! Bei den Synonymen und Antonymen *(opposites)* musst du deine Lösung in der Form aufschreiben, die auch das vorgegebene Wort hat:

Ist das Wort in der Grundform vorgegeben, musst du deine Lösung auch in der Grundform aufschreiben.

Ist das vorgegebene Wort dagegen z. B. in der Vergangenheit (Verb) oder als Steigerungsform (Adjektiv) oder im Plural (Nomen) vorgegeben, so muss deine Lösung auch diese Form haben.

Oft haben Wörter mehrere Bedeutungen, daher ist es hier wichtig, dass du das jeweilige Wort nicht isoliert betrachtest, sondern im Zusammenhang des Textes. Die Zeilenangabe hinter dem Wort führt dich zu der entsprechenden Stelle im Text.

Indian food in Britain

Indian cooking has been popular in Britain for longer than many people realize: a British cookery book in 1774 contained numerous recipes for Indian dishes. Many British people were familiar with Indian food because Britain governed India, and a huge number of British people lived there.

In the early 20th century, more and more Indian seamen reached Britain's shores. Many decided to stay and run small restaurants. The men were often from areas in Bangladesh and Pakistan. This was all part of British India back then, so the food was called Indian food. The cafe owners soon noticed that people returning from late shifts at work wanted to buy hot food before getting the bus home. They did not have time to sit down and eat; they wanted their meals in a form that they could carry. This was the birth of the *Indian take-away*.

While for years *chicken tikka masala* was the best-selling dish served in Indian take-aways, customers are now trying out a wider range of dishes. One reason for this is the enormous influence of TV food programmes and food blogs: customers are now more informed about the range of food available. It also reflects people's concerns about their own health, with many customers looking for lower-calorie dishes.

Find words or expressions in the text which mean more or less the same.

a) to know well (lines 1–7) ____________

b) in those days (lines 8–19) ____________

c) a period of work (lines 8–19) ____________

d) a beginning (lines 8–19) ____________

e) to show (lines 20–29) ____________

f) on offer (lines 20–29) ____________

Tipp

Hierbei handelt es sich um die einfachere Variante.

Beachte, dass der gesuchte Ausdruck im Text oft aus einer anderen Anzahl an Wörtern besteht als der vorgegebene Ausdruck. Beispiele:

a) *to know (sth.) well* steht mit einem direkten Objekt. Die Entsprechung im Text benötigt vor dem Objekt aber noch eine Präposition!

c) Vorgegeben ist kein Synonym, sondern eine Umschreibung. Die Entsprechung im Text besteht dagegen aus nur einem Wort!

Achte auch auf die Wortart, z. B. in **e)**: *show* kann ein Nomen oder ein Verb sein, und für beides gäbe es im entsprechenden Absatz ein Synonym! Hier zeigt dir die Grundform mit *to* klar an, dass du das Synonym zum Verb *show* suchen sollst.

Find words or expressions which mean more or less the same.

g) governed (line 6) ____________

h) huge (line 6) ____________

i) areas (line 11) ____________

j) returning (line 14) ____________

k) getting (line 16) ____________

l) concerns (line 27) ____________

Tipp

Hierbei handelt es sich um die schwierigere Variante, denn nun musst du dir selbst das Synonym überlegen. Das ist nicht immer leicht, weil viele Wörter mehrere Bedeutungen haben. Deshalb ist es wichtig, auf den Textzusammenhang zu achten:

Das vorgegebene Wort *return(ing)* in **j)** kann unterschiedliche Bedeutungen haben: zurückkommen, zurückgeben, (Gefühle) erwidern etc. Um welche Bedeutung geht es im Text? Wenn du das herausgefunden hast, kannst du dir das Synonym überlegen oder nachschlagen.

Auch *get(ting)* in **k)** kann zahlreiche Bedeutungen haben, aber hier im Textzusammenhang geht es um einen Bus, den jemand nach Hause nimmt. Wie könnte man das gleiche auch anders ausdrücken?

Zur Kontrolle kannst du deine Lösung in den Text einsetzen. Passt sie?

Find opposites

Auch bei den Antonymen *(opposites)* gibt es zwei Varianten:

- einfachere Variante: Du sollst zu vorgegebenen Wörtern oder Ausdrücken die Gegensätze **im Text** finden.
- schwierigere Variante: Du sollst zu vorgegebenen Wörtern oder Ausdrücken **aus dem Text** eigenständig Gegensätze finden.

Tipp

Wie bei den Synonymen gilt hier:

vorgegebenes Wort in der Grundform:
→ Lösung in der Grundform!

vorgegebenes Wort in einer anderen Form (Vergangenheit, *ing*-Form, Steigerung, Plural etc.):
→ Lösung in dieser Form!

Find the opposites in the text.

a) tiny (lines 1–7) ____________

b) to die (lines 1–7) ____________

c) less (lines 8–19) ____________

d) to leave (lines 8–19) ____________

e) to sell (lines 8–19) ____________

f) narrow (lines 20–29) ____________

Tipp

Hierbei handelt es sich um die einfachere Variante. Gehe so vor:

1. Bestimme die Wortart des vorgegebenen Wortes, z. B. bei **a)**: *tiny* ist ein Adjektiv.
2. Suche nun im angegebenen Absatz alle Adjektive. Welches davon ist das Gegenteil von *tiny*?

Zu einigen Wörtern gibt es nur wenige Antonyme (oder Synonyme). Es lohnt sich daher, eine Liste anzulegen, auf der du die Antonyme und Synonyme notierst. Vielleicht kommen ja einige Wörter aus deiner Liste bei der Prüfung dran!

Find the opposites.

g) numerous (line 3) __________

h) before (line 16) __________

i) sit down (line 17) __________

j) available (line 26) __________

k) health (line 28) __________

l) lower (line 29) __________

Tipp

Hierbei handelt es sich um die schwierigere Variante, denn du musst das Gegenteil selbst bilden.

Manche Gegensätze können mit Vorsilben wie *im-*, *un-* oder *dis-* gebildet werden, z. B.:
happy ⟷ *unhappy*
possible ⟷ *impossible*
agree ⟷ *disagree*

Bei anderen brauchst du völlig andere Wörter, z. B.:
big ⟷ *small*
love ⟷ *hate*

Merke dir die unregelmäßigen Adjektive und Adverbien:
better ⟷ *worse*
badly ⟷ *well*

Give a definition

Bei diesem Format geht es darum, Wörter aus dem Text zu erklären. Du erhältst einige Wörter zur Auswahl und sollst dir in der Regel zwei davon aussuchen, die du dann in deinen eigenen Worten mit einem vollständigen Satz definierst. Hier sind es zu Übungszwecken mehr.

Choose five of the following words from the text and give a definition.

a) contain (line 3) __________

b) govern (line 6) __________

c) century (line 8) __________

d) restaurant (line 10) __________

Tipp

Versuche, dir den Sinn unbekannter Wörter zu erschließen:

contain in **a)** kennst du vielleicht nicht – aber Container ist dir wahrscheinlich ein Begriff! Und aus dem Textzusammenhang kannst du schließen, dass es hier um ein Verb aus der gleichen Wortfamilie geht. Was könnte das Verb *to contain* also bedeuten?

govern in **b)** ist dir vielleicht neu, aber erinnerst du dich noch an das Nomen *government* aus der gleichen Wortfamilie? Was könnte das Verb also bedeuten?

e) best-selling (line 21) ______________________

____

____

f) influence (line 24) ______________________

____

____

g) blog (line 25) ______________________

____

____

Tipp

Folgende Satzmuster sind beim Definieren nützlich:

Verben (**a)**, **b)**):
When/If you ..., this means that you ...

Personen oder **Tiere**:
... is a person/woman/someone/... who ...
... is an animal / a bird / ... that ...

Orte (**d)**):
... is a place/building/area/... where you ...

Adjektive (**e)**):
Something is ... when/if ...

Adjektive, Verben, Nomen:
... means the same as ...
... is the opposite of ...

Du kannst auch einen Beispielsatz schreiben, durch den die Bedeutung klar wird, z. B. *pedestrian: Suddenly a pedestrian ran out on the street and got hit by a car.*

Complete the text

Bei dieser Aufgabe, für die du einen neuen Text mit Lücken bekommst, geht es um Grammatik und Wortschatz. Hinter einigen Lücken ist ein Wort vorgegeben, das du in die richtige Wortart und/oder Form bringen musst. Hinter anderen Lücken gibt es Fragezeichen: Hier sollst du selbst das (inhaltlich und grammatikalisch) passende Wort finden. Vorsicht: Es kann auch mehr als nur ein Wort verlangt werden!

Complete the text by using suitable forms of the words. Find words of your own to replace the question marks.

Gender equality

These days we have more **a)** ______________ (to inform) about gender equality than ever before. And most people agree that gender equality **b)** ______________ (to be) a good thing. However, not everyone has the same idea about what gender equality actually **c)** ______________ (meaning) and how it can best be achieved. According **d)** ______________ (?) UNICEF, gender equality does not mean that girls and boys, or women and men, have to become the same or that they should always **e)** ______________ (treat) exactly alike, but that they enjoy the same rights, opportunities and **f)** ______________ (responsible).

Tipp

Verlangt die Lücke nach einem Verb (Lücken **b)**, **c)**, **e)**, **h)** und **k)**), so überlege immer:

- Welche Zeitform *(tense)*?
- Aktiv oder Passiv?
- Einzahl oder Mehrzahl?
- Bejaht oder verneint?
- Regelmäßig oder unregelmäßig?
- Brauchst du ein *gerund*?
- *-s* im *simple present* bei *he/she/it*

Tipp

a) *We have more ...* verlangt nach einem Nomen. Vorgegeben ist ein Verb. Wie heißt das Nomen aus der gleichen Wortfamilie?

c) Hier ist ein Nomen vorgegeben. Der Satz verlangt aber nach einem Verb aus der gleichen Wortfamilie!

d) Welche Präposition gehört zu *according*?

f) Hier werden Nomen im Plural aufgezählt. Vorgegeben ist ein Adjektiv. Wie heißt das Nomen aus der gleichen Wortfamilie?

Some people say that we can only achieve this **g)** ______________ (?) we introduce gender quotas. Others believe that quotas may discriminate against individuals competing for the same job. So while the world **h)** ______________ (to see) significant progress in the last decades, there are still many problems: on the one hand, women are still underrepresented in decision-making positions. Girls have **i)** ______________ (little) access to education than boys, even though they perform **j)** ______________ (good) at school. And women are often paid less than men for **k)** ______________ (do) the same job. On the other hand, boys and men have problems too: more than 80% of the homeless are male. Men receive longer prison sentences than women, and they have **l)** ______________ (?) rates of depression. This shows that both men and women, and boys and girls, would profit from more equality.

Tipp

g) In diesem Satz wird eine Bedingung aufgestellt. Also brauchst du welches Wort?

i)+j) Das Wort *than* verrät dir, dass es in diesem Satz um Vergleiche geht. Wie lauten die (unregelmäßigen) Steigerungsformen zu *little* und *good*?

l) Hier geht es um Bereiche, bei denen Männer gegenüber Frauen im Nachteil sind. Wie ist also wohl die Depressionsrate von Männern im Vergleich zu der von Frauen?

Tipp

Häufige Wortbildungsstrategien bei diesem Aufgabenformat:

- Einzahl oder Mehrzahl bilden, unregelmäßige Mehrzahl bilden
- innerhalb derselben Wortfamilie die Wortart ändern (Verb ⟷ Nomen, Adjektiv ⟷ Nomen etc.)

Häufige grammatische Strukturen bei diesem Aufgabenformat:

- die richtige Zeitform bilden *(simple present, simple past etc.)*
- Aktiv in Passiv umwandeln und umgekehrt
- die passende Steigerungsform bilden (auch unregelmäßig)
- Relativpronomen *(who, that, which)* einsetzen
- die richtige Zeitform in Bedingungssätze *(if clause)* einsetzen
- Präpositionen *(for, on, of, at etc.)* einsetzen
- die richtige Zeitform in indirekte Rede einsetzen
- von einem Verb die *ing-form (gerund)* bilden

Ask questions

Bei diesem Aufgabenformat sollst du Fragen zu einem vorgegebenen Thema stellen. Die Fragen müssen sich voneinander unterscheiden. Mische also Fragen mit Fragewort und Fragen ohne Fragewort und/oder verwende unterschiedliche Zeitformen. Wiederhole vorher noch einmal die Bildung von Fragen, z. B. anhand der interaktiven Übungen auf www.scook.de.

You are talking to Zora. She has just completed work experience at a hospital. Ask her **three** questions about the internship.

Use different question forms or different tenses.

a) ______

b) ______

c) ______

Tipp

***Use different question forms*: Was heißt das?**

Schreibe Fragen aus beiden Spalten:

Fragen, die man mit ja oder nein beantworten kann:	Fragen mit Fragewort:
Do / Does / Did ...?	Why ...?
Are / Is / Was / Were ...?	Where ...?
Have / Has / Had ...?	When ...?
Can / Could ...?	What ...?
Will / Would ...?	Who ...?
Should ...?	How ...?

Verwende auch **verschiedene Zeitformen** *(simple present, simple past, present perfect, ...).*

Tipp

Deine Fragen müssen inhaltlich zur Situation aus der Aufgabenstellung passen! Die Frage *Zora, how old are you?* hat nichts mit dem Praktikum im Krankenhaus zu tun und wäre deshalb nicht akzeptabel.

Paraphrasing

Hier sollst du vorgegebene Sätze so umformulieren, dass ihr Sinn erhalten bleibt. Für die neue Formulierung erhältst du einen Satzanfang und einen Schlüsselbegriff, den du verwenden musst. In der Prüfung sind in der Regel vier Sätze umzuwandeln. Hier sind es zu Trainingszwecken mehr Aufgaben, die die wichtigsten Strukturen abdecken.

Complete the second sentence so that it means the same as the first sentence. Use between two and five words including the word in brackets.

Top sights in London: The Shard

Example:

People say that London's tallest skyscraper looks like a giant piece of glass: a shard. **(said)**

London's tallest skyscraper *is said to look* like a giant piece of glass: a shard.

a) This amazing building was built by the Italian architect Renzo Piano. **(who)**

It was the Italian architect Renzo Piano

______________ this amazing

building.

b) Lay all the glass together and you cover six football fields. **(if)**

______________ all the glass

together, you would cover six football fields.

c) No building in Germany is taller than the Shard. **(it)**

If the Shard was in Germany,

______________ the tallest

building in the country.

d) I really think that you should visit the Shard. **(were)**

______________ I would visit the

Shard.

e) It's at least sixty years since high-rise buildings began to be built in London. **(for)**

In London, high-rise buildings ______________

______________ at least sixty

years.

f) Not wanting to seem old-fashioned, Renzo Piano chose a new shape for his skyscraper. **(because)**

Renzo Piano chose a new shape for his

skyscraper ______________

______________ to seem old-fashioned.

g) People in London often see tall buildings. **(used)**

People in London ______________

______________ tall buildings.

But the Shard stands out among them:

Tipp

In Satz a) geht es um die Umwandlung eines vorgegebenen Passivsatzes in einen Aktivsatz mithilfe des vorgegebenen Relativpronomens *who*.

Es könnte in der Prüfung aber auch genau das Umgekehrte von dir verlangt werden. Es ist ein Aktivsatz vorgegeben und du sollst ihn mithilfe von *by* in einen Passivsatz umwandeln:

The Italian architect Renzo Piano built this amazing skyscraper. (by)

This amazing skyscraper ______________ *the Italian architect Renzo Piano.*

→ Bei diesem Aufgabentyp ist ...
 ... *who* oft ein Signalwort für die Umwandlung vom Passiv ins Aktiv.
 ... *by* oft ein Signalwort für die Umwandlung vom Aktiv ins Passiv.

→ Empfohlene Wiederholung: Passivsätze!

Tipp

Bei den **Sätzen** b)–d) musst du ***if*-Sätze** bilden.

→ Empfohlene Wiederholung: *if*-Sätze!

Tipp

Weitere häufige grammatische Themen bei diesem Aufgabenformat sind die *tenses* und das *gerund*.

Bei **Satz** e) geht es um die korrekte Verwendung der *tenses*:

for (10 years / 5 days / many weeks / ...) ist ein Signal für das _ _ _ _ _ _ _ _ _ _ _ _ _ _ _ _.

Bei **Satz** f) sollst du ein *gerund (Not wanting to ...)* in einen Nebensatz mit *because* umwandeln. Da der Hauptsatz *(chose)* im _ _ _ _ _ _ _ _ _ _ _ _ steht, muss auch dein Nebensatz in dieser Zeit stehen.

h) It's so tall that seeing places 40 miles away is possible from its top. **(able)**

It's so tall that some people ______________

______________ places 40 miles away from its top.

i) In fact, the architect's hope was that people would notice the Shard from a long distance. **(wanted)**

In fact, the architect ______________

______________ the Shard from a long distance.

Renzo Piano's hopes were fulfilled, but some Londoners aren't happy about this because now the Shard blocks the view of other popular London sights.

Tipp

Manche Verben ziehen einen einfachen Infinitiv nach sich, andere *to* + Infinitiv oder ein *gerund (-ing)*. Auch dies ist häufig Thema dieses Aufgabenformats.

In **Satz h)** wird wieder eine vorgegebene *gerund*-Konstruktion *(... seeing places ...)* aufgelöst, nämlich durch das Keyword *able*:
It's so tall that some people are able ...

Der gleiche Satz könnte auch durch andere Keywords umgewandelt werden. Vergleiche:
(can): ... some people can ...
(succeed): ... some people succeed ...

Woher weißt du nun, was hinter dem vorgegebenen Verb/Keyword kommt? Da es dafür kaum Regeln gibt, solltest du bei häufigen Verben gleich ihre üblichen Verbindungen mitlernen. Du kannst auch Listen anlegen:

Verb + Infinitiv: *can do, must do, let (sb.) do, ...*

Verb + *to* + Infinitiv: *be able to do, be allowed to do, manage to do, want (sb.) to do, hope to do, ...*

Verb (+ Präposition) + *gerund*: *succeed in doing, used to doing, enjoy doing, be fed up with doing, ...*

Bei manchen Verben gibt es auch mehrere Möglichkeiten:
They like to do ... / They like doing ...
They hate to do ... / They hate doing ...
They start to do ... / They start doing ...

London skyline with Tower Bridge and Shard skyscraper

Teil D: *Creative writing* (Kreatives Schreiben)

1. Ablauf und Bewertung

Der Ablauf beim Schreiben

Der vierte Teil der schriftlichen Prüfung besteht aus zwei Aufgaben, in denen du zeigen sollst, wie gut du verschiedene englische Texte schreiben kannst:

Schreibaufgabe 1 (100 Wörter):
Du schreibst einen kürzeren Text von ungefähr 100 Wörtern. Meist sollst du deine Meinung zu einer vorgegebenen Aussage äußern und begründen oder du sollst beschreiben, wie du dich in einer vorgegebenen Situation verhalten würdest. Du darfst meist zwischen drei Aussagen oder Szenarien wählen. Bei der ersten Schreibaufgabe kannst du 9 Punkte erreichen.

Schreibaufgabe 2 (160 Wörter):
Du schreibst einen längeren Text von ungefähr 160 Wörtern. Typische Aufgabenstellungen sind das Schreiben eines Briefes oder einer Mail, einer Geschichte, eines Tagebucheintrags, eines Berichtes, eines Blogs, einer Bewerbung, eines Dialogs etc. Du darfst zwischen zwei Alternativen wählen. Bei der zweiten Schreibaufgabe kannst du 18 Punkte erreichen.

Wie schon in den Prüfungsteilen **B** und **C** darfst du auch in Teil **D** ein zweisprachiges Wörterbuch verwenden. Andere Hilfsmittel sind nicht erlaubt.

Tipp
Achtung! Es gibt keine Extrapunkte, wenn du mehr Schreibaufgaben löst als verlangt!

Tipp
Wenn du bei Aufgabe 1 weniger als 90 oder mehr als 120 Wörter schreibst, werden dir Punkte abgezogen!

Tipp
Wenn du bei Aufgabe 2 weniger als 140 oder mehr als 200 Wörter schreibst, werden dir Punkte abgezogen!

Tipp
Zähle regelmäßig deine Wörter, auch bei Hausaufgaben. So bekommst du ein Gefühl für die Länge!

Die Bewertung der Schreibaufgaben

Das Schreiben macht fast 25% der schriftlichen Prüfung aus und ist damit der Teil der Prüfung, der am meisten zählt. Es lohnt sich also, sich darauf vorzubereiten!

Die Punkte beim Schreiben werden für **Inhalt** und **Sprache** vergeben. Dabei zählt der Inhalt ein Drittel, die Sprache zwei Drittel.

Inhalt:
Hier geht es darum, dass du zum Thema schreibst, deine Gedanken logisch ordnest und dich nicht wiederholst, sodass sich dein Text flüssig und verständlich liest. Kreative Gedanken machen deinen Text interessanter. Je nach Textsorte kannst du auch Sachwissen einfließen lassen. Auf jeden Fall musst du die üblichen Regeln für die Textsorte (Brief, Bericht, Geschichte etc.) beachten.

Tipp
Achtung! Bei inhaltlich falscher Lösung wird die gesamte Aufgabe mit 0 Punkten bewertet. Halte dich also auf jeden Fall an die Aufgabenstellung!

Sprache:
Hier zählen dein Wortschatz, die Grammatik und die Rechtschreibung:
- Wortschatz: Punkte gibt es für einen vielfältigen, angemessenen Wortschatz und idiomatische Redewendungen.
- Grammatik: Punkte gibt es für korrekte oder weitgehend korrekte Grammatik und einen abwechslungsreichen, verständlichen Satzbau mit Haupt- und Nebensätzen, *linking words, time phrases* etc.
- Rechtschreibung: Punkte gibt es für sichere oder weitgehend sichere Rechtschreibung. Außerdem solltest du lesbar schreiben.

2. Aufgabenformate in Baden-Württemberg

In diesem Kapitel lernst du die typischen Aufgabenformate kennen, die dich bei der Abschlussprüfung im Bereich Schreiben erwarten. Die Tipp-Kästen enthalten nützliche Hinweise und Hilfen.

Schreibaufgabe 1 (100 Wörter)

Bei der ersten Schreibaufgabe sollst du meist deine Meinung äußern, z.B. zu einer außergewöhnlichen Situation oder einem umstrittenen Thema. So könnte die Prüfungsaufgabe aussehen:

Write a **comment**. Choose **one** of the following statements. Discuss the pros and cons and give your own opinion. Write about 100 words.

A: Piercings should be forbidden at school.	**B:** It's good for students to have a weekend job.	**C:** Coffee-to-go cups should be banned.

Schritt 1: Entscheide dich für das Thema, zu dem du am meisten zu sagen hast. Das folgende Beispiel ist zu Thema B.

Schritt 2: Sammele zunächst Argumente für (pro) und gegen (contra) die Aussage in einer Mindmap oder einer Tabelle wie dieser:

Writing a comment		
Einleitung		
Mittelteil	**Arguments**	
	pro: job is good for students	**contra: job is bad for students**
	earn money	*less time for homework*
Schluss		

Entscheide dich für die Seite (pro oder contra), die du überzeugender findest. Du kannst auch zu einer abgewogenen Position (einerseits – andererseits) kommen.

Schritt 3: Fertige eine Gliederung *(outline)* für den Mittelteil deines Kommentars an. Folgende Möglichkeiten haben sich bewährt:

- Bist du für die Aussage (pro), beginne mit den Contra-Argumenten und widerlege sie dann.
- Bist du gegen die Aussage (contra), beginne mit den Pro-Argumenten und widerlege sie dann.
- Du kannst dich nach Abwägen der Argumente auch in der Mitte positionieren, indem du z. B. einen Kompromiss vorschlägst.

Schritt 4: Wie könnte die Lösung aussehen? Hier ist ein Lösungsbeispiel. Lies es genau durch und bearbeite die Aufgaben unten:

Many people think that students should have a weekend job. Others disagree. So what are the main arguments and which side is more convincing?

On the one hand, jobs are good because you earn your own money. What's more, working is good for developing your self-confidence. And finally, you get important work experience.

On the other hand, with a job you don't have time for your homework, and you often can't meet your friends. Also, lots of weekend jobs for students are really boring and therefore the work experience you get is not very helpful.

After looking at all the arguments, I think that it depends on the job you have and how many hours you work.

Struktur und Inhalt:

- Unterstreiche die Einleitung.
- Markiere drei Pro-Argumente blau.
- Markiere drei Contra-Argumente grau.
- Unterstreiche das Ergebnis.

Für welche der Möglichkeiten aus **Schritt 3** hat sich der Prüfling also entschieden?

Sprache:
In welcher Zeitform ist der Text verfasst? Warum?

Notiere nützliche Redemittel aus dem Text und ergänze weitere, die du kennst:

Einleitung:

Many people think that,

Mittelteil: Meinung sagen, Argumente einführen und abwägen:

On the one hand,

Schluss/Ergebnis:

After looking at all the arguments,

▶ Fortsetzung (Seite 51) nach den Lösungen

Englisch

ABSCHLUSS-PRÜFUNGS-TRAINER

Realschulabschluss
Baden-Württemberg

Novellierte Abschlussprüfung ab 2021
Inklusive Kommunikationsprüfung

Lösungen

Cornelsen

TRAINING SECTION, Kommunikationsprüfung ▶ p. 6–23

Teil 2: Dialogisches Sprechen

Beispiel 3, Schritt 1

Lösungsbeispiel:

	Partner B	Partner A
transport	There's a Tube station only 100 m from the B&B. It's only a ten-minute walk from ... Take the ... to ... and from there take ...	Is there a Tube station near the B&B? What route is the best route from Victoria Station? What is the best/ quickest way to get to ... from ...?
arrival, departure (check-in, check-out)	What time will you be arriving? Check-in isn't before 2 pm. You can check in from 2 pm until ... You can check in anytime after 2 pm. Please check out by 12 noon.	What time is check-in/ check-out? We won't arrive until the evening. How late can we check in? When do we have to check out?
payment	How would you like to pay? Please make an advance payment/ deposit of ... by ... I'm sorry, but we don't accept credit cards. You can pay by cash or credit card.	Do we have to pay a deposit? What forms of payment do you accept? Do you accept credit cards? Can we pay (cash) upon arrival?
luggage	We can store your luggage for you. You can leave your bags at the reception.	Could we leave our bags/luggage with you before checking in / after checking out?
ending the phone call	So who's the booking for? Could I have your name again, please? Can you spell that? Is that correct? Your reservation has been made. Your confirmation number is ... We look forward to seeing you. We'll see you in April. My pleasure. Have a nice day.	Yes, that's correct. Could you send me a confirmation by email? Great. Thank you so much. Thank you. Good bye.

Teil 3: Sprachmittlung

Lösungsbeispiel:

Adelola: I've played football in a mixed team for five years and I'd like to know if you have a mixed team at this club.
You: Das Mädchen hat fünf Jahre lang Fußball in einer gemischten Mannschaft gespielt und möchte wissen, ob es hier im Verein auch eine gemischte Mannschaft gibt.
Coach: Wir hatten bisher immer getrennte Mannschaften für Jungen und Mädchen. Wir planen aber für nächstes Jahr mindestens eine gemischte Mannschaft für jede Altersgruppe.
You: They've always had different teams for boys and girls, but they are planning to have at least one mixed team for every age group next year.
Adelola: OK, so you do have a girls' team for girls my age?
You: Also gibt es eine Mädchenmannschaft für ihr Alter?
Coach: Ja, wir haben eine Mannschaft für Mädchen zwischen 12 und 16 Jahren. Die spielen aber noch nicht so lange.
You: There's a team for girls between 12 and 16. But they haven't played for very long.
Adelola: That's OK with me. And when do they practise?
You: (Das macht ihr nichts.) Wann wird denn trainiert?
Coach: Die Mädchenmannschaft trainiert freitags um 16 Uhr. Sie kann gerne nächste Woche kommen. Hier ist eine Broschüre mit Anmeldeformular.
You: The girls' team practises at 4 pm on Fridays. You can come next week. This is a brochure with an application form.

Schritt 3

Lösungsbeispiel:

And he has a sore throat. • Can you help him? • Can he pay by credit card? • He doesn't have any cash.

Du solltest nicht mehr als drei pro Tag nehmen. • Du solltest viel trinken. • Sie nehmen/akzeptieren (leider) keine Kreditkarten. • Sie kann uns/dir sagen, wo der nächste Geldautomat ist. • Ruf sie an, wenn du nächste Woche noch krank bist.

Schritt 4

Lösungsbeispiel:

Aedan: Excuse me. I lost my phone on the bus yesterday. Has it been turned in?
You: Er hat gestern im Bus sein Handy verloren. Wurde es hier vielleicht abgegeben?
Assistant: Ich brauche da ein paar mehr Details. Wann und wo hat er es verloren?
You: When and where did you lose it?
Aedan: It must have been on bus route 11, towards the centre, at around 6 pm. That was the last time I used it.
You: Das war wohl im Bus der Linie 11, Richtung Zentrum, gegen 18 Uhr. Da hat er es zuletzt benutzt.
Assistant: Und wie sieht es aus? Hat es irgendwelche besonderen Merkmale?
You: What does it look like? Does it have any special characteristics?
Aedan: It's a white Sumsang BX7. The screen is slightly cracked on the top right corner, but otherwise it works fine.
You: Es ist ein weißes Sumsang BX7. Der Bildschirm ist oben rechts etwas gesplittert, aber ansonsten funktioniert es.
Assistant: Tut mir leid. Ein solches Handy wurde nicht abgegeben. Aber hier ist ein Formular, da kann er alles eintragen. Und wir melden uns, wenn es doch noch auftaucht.
You: Unfortunately it's not here. But you can fill out this form and they will let you know if it shows up.

TRAINING SECTION, Teil A: Listening ► p. 24–32

True or false?

My foreign language experience
a) false • b) true • c) true • d) false • e) true • f) false

Multiple choice

A visit to Krakow
a) B • b) C • c) A • d) B • e) C

The Niagara Falls
a) C • b) B • c) C • d) A • e) D • f) C

Note taking

The Top of the Rock observation deck
a) 112 • b) to avoid waiting in line • c) $34 • d) visit twice in one day • e) wear warm clothes / wrap up warm

Three British planes
Lösungsbeispiel:
b)/c) The Short Empire: 1930s • landed on water / didn't need an airport • called 'flying boats' • kept the Empire together • flew from London to South Africa, London to Australia, London to the Caribbean • taken out of service because landing on water was slower and more difficult

e)/f) The Comet: first passenger flight from London to Johannesburg / in 1952 • very advanced for its time • first passenger jet • passengers loved it • Queen flew in a Comet in 1953 • crashes that no one could explain • problem with the jet engine

h)/i) The Concorde: technology light years ahead • no accidents for 34 years / until 2003 • supersonic / flew faster than sound • top speed twice the speed of sound • fastest flight from New York to London took less than three hours in 1996 • record still holds • not popular with airlines because it carried too few passengers • too expensive to run • taken out of service in 2003 • you can find Concorde planes in museums in France, Britain, the USA and Germany

Matching

The D of E expedition
a) Jack • b) Katie • c) reporter • d) Jack • e) x • f) Katie • g) x

Skyways in the US and Canada
a) Stoney Creek • b) Jacksonville • c) Calgary • d) x • e) Kissimmee • f) Burlington • g) x • h) Jasper National Park

TRAINING SECTION, Teil B: Text-based tasks ► p. 33–38

Matching

Australia's Stolen Generations
a) x • b) A • c) D • d) x • e) E • f) B • g) C

True, false or not in the text?

Australia's Stolen Generations
a) true • b) false • c) false • d) not in the text • e) true • f) not in the text

Note taking

Australia's Stolen Generations
Lösungsbeispiel:
a)–c) never see parents again • not allowed to speak their own language • lose their own culture • get taught that they are not as good as white Australians • experience of violence • ...

Multiple choice

Kasun's first day at a new school
a) B • b) C • c) B • d) D • e) A

Answering questions

Kasun's first day at a new school
Lösungsbeispiel:
a) We know that Kasun is nervous because he is "scared stiff", his "knees are like jelly" and he is "talking too fast". / We know that he is nervous because he has to pretend to be relaxed. / ...

b) He doesn't answer the big boy's question because he is afraid of him. / ... because he doesn't think the question is directed at him. / ...

c) Kasun thinks that the boy wants to hit him. / ... is going to hit him. / ...

TRAINING SECTION, Teil C: Use of language ► p. 39–47

Find synonyms

Indian food in Britain
a) to be familiar with • b) back then • c) a shift • d) a birth • e) to reflect • f) available • g) ruled (over) • h) great, big, large, enormous • i) regions, districts, parts • j) coming (back) • k) taking, catching • l) worries

Find opposites

Indian food in Britain
a) huge • b) to live • c) more • d) to stay • e) to buy • f) wide • g) few, only a small number of • h) after • i) get up • j) unavailable • k) disease, illness, sickness • l) higher

Give a definition

Indian food in Britain
Lösungsbeispiel:
a) If something contains things, those things are inside it. / To contain something means to have something inside. / The box contained one hundred pencils. / ...

b) To govern is a synonym of to rule. / To govern means to control a country. / The president governs the country for four years. / ...

c) A century is a (period of) hundred years. / The 20th century began in 1901. / ...

d) A restaurant is a place where you order and eat a meal. / ... a business where food is served. / He works as a waiter in a restaurant. / ...

e) Best-selling means that something is selling in very large numbers. / Something is best-selling if lots of people buy it. / J. K. Rowling made a lot of money from her best-selling Harry Potter series. / ...

f) Influence is the power to have an effect on something or someone. / She has a good influence on her friend. / ...

g) A blog is a website where someone regularly writes about his or her thoughts or experiences. / A blog is a journal on the internet. / Lisa has a cooking blog where she uploads many great recipes. / ...

Complete the text

Gender equality

a) information • b) is • c) means • d) to • e) be treated • f) responsibilities • g) if • h) has seen • i) less • j) better • k) doing • l) higher

Ask questions

Lösungsbeispiel:

a)–c) Did you like the internship? • Can you tell me more about a normal work day? • What did you have to do? • When did your day start? • How did you like your work experience? • Were you allowed to watch a surgery? • ...

Paraphrasing

Top sights in London: The Shard

a) who built • b) If you laid • c) it would be • d) If I were you, • e) have been built for • f) because he didn't want • g) are used to seeing • h) are able to see • i) wanted people to notice

TRAINING SECTION, Teil D: Creative writing ► p. 48–68

Schreibaufgabe 1

Schritt 4, Struktur und Inhalt:

Many people think that students should have a weekend job. Others disagree. So what are the main arguments and which side is more convincing?

On the one hand, jobs are good because you earn your own money. What's more, working is good for developing your self-confidence. And finally, you get important work experience.

On the other hand, with a job you don't have time for your homework, and you often can't meet your friends. Also, lots of weekend jobs for students are really boring and therefore the work experience you get is not very helpful.

After looking at all the arguments, I think that it depends on the job you have and how many hours you work.

Der Prüfling hat sich für eine abgewogene Position entschieden.

Schritt 4, Sprache:

Zeitform: *simple present*, da es sich um allgemeine Aussagen handelt

Redemittel

Lösungsbeispiel:

Einleitung: Many people think that ... • Others disagree. • So what are the main arguments? • Which side is more convincing? • ...

Mittelteil: Meinung sagen, Argumente einführen und abwägen: On the one hand • On the other hand • good because ... • What's more, ... • And finally • Also ... • And therefore ... • I think that ... • I'm against ... • In my opinion/view/experience, ... • I agree/disagree with ... • I definitely/really (don't) think that ... • (Personally,) I think/feel/believe/suppose that ... • It's true that ... (but ...) • If you ask me, ... • I'd like to point out that ... • apparently • certainly • First of all, ... • First(ly) ..., Second(ly)..., Additionally/Finally ... • Regarding ... , I think ... • However, ... • Although ... • In spite of this, ... • On the contrary, ... • Even so, ... • ..., but nevertheless ... • To start/begin with, ... • A good example for/against ... is ... • No doubt ... • ...

Schluss/Ergebnis: After looking at all the arguments, ... • it depends • To sum up, ... • On the whole, ... • As a result/consequence, ... • In short, ... • It has become clear that ... • ...

Schritt 5

Lösungsbeispiel: siehe Text S. 50

Schreibaufgabe 2

Writing a diary entry

Schritt 1, Struktur und Inhalt:

1. Einleitung: Dear diary ... homework. • Schluss: I think ... come along too.
2. *wh*-Fragen
   Lösungsbeispiel:
   Where: mountains, Black Forest
   When: last weekend
   What: hiking trip in the mountains: cooking on an open fire, on top of highest mountain, ...
   Why: good because talked and laughed a lot, met nice people
   How: with tent and backpack, bad weather, ...
3. Ich-Perspektive (Gefühle, Gedanken): it was great fun, nights weren't great, great feeling when, really proud that, it would be cool if

Schritt 1, Sprache:

1. Verben im *simple past*: went, didn't have, had, was, hiked, climbed, cooked, came out, didn't give up, talked, laughed, met, helped
   andere Zeitformen:

had wanted had ever climbed	past perfect	Es geht um die Zeit vor dem Ausflug.
I'm (not a sporty person)	simple present	allgemeine Aussage, die immer gilt
I'm (really proud)		Gefühl in der Gegenwart
I think		Überlegung in der Gegenwart
I'll try (to organize)	will-future	Plan für die Zukunft
It would be (great) could come	conditional 2	Bedingungssatz

2. Adjektive: last, (Black), awful, great, muddy, steep, open, wet, next, high(est), sporty, proud, nice, long(er) • Alternativen für *great:* fantastic, wonderful, cool, amazing, awesome, very nice, ...
3. *linking words:* but, because, although, and, so • *time words:* Last weekend, the next day, usually, next summer
4. Nebensätze: but unfortunately he didn't have time • because he had so much homework • Although the weather was awful • but the next day the sun came out • that I had ever climbed • so I'm really proud that I didn't give up • who helped us start the fire in the rain • if Kyran could come along too.

Schritt 2
Lösungsbeispiel: siehe Text S. 52

Writing a story

Schritt 3, Struktur und Inhalt:

1. Perspektive: dritte Person (Dana)
2. Was die Geschichte lebendig macht: Fragen (Would she make some stupid mistakes? Would the customers be nice to her?), wörtliche Rede („Well, good morning ...")
3. Spannungsbogen:
   - Ausgangssituation: Dana hat ihren ersten Arbeitstag im Laden und ist etwas nervös.
   - Höhepunkt: Sie lässt etwas fallen. Im selben Moment betritt ihr Lieblingsstar den Laden.
   - neue Situation am Ende: Dana ist glücklich und selbstbewusster. / Dana passiert ein weiteres Missgeschick. / Die Kollegen beneiden Dana. / ...

Schritt 3, Sprache:

On her first day: time phrase, unterschiedliche Satzanfänge
new: Adjektiv
nervous: Adjektiv, Gefühl
Would she make some stupid mistakes?: Fragesatz, Adjektiv
Would the customers be nice to her?: Fragesatz, Adjektiv
suddenly: abwechslungsreicher Wortschatz, Adverb
new: Adjektiv
went on her hands and knees: abwechslungsreicher Wortschatz
when the door opened: Nebensatz
enormous: Adjektiv
"Well, ...": unterschiedliche Satzanfänge, Dialog
"have you lost something?": Fragesatz, Dialog
At first: *linking words,* unterschiedliche Satzanfänge
shocked: Adjektiv, Gefühl
curiously: Adverb, Gefühl

Schritt 3/4
Lösungsbeispiel:
On her first day at work ... But Max helped Dana up and looked at her curiously. Dana relaxed and they started chatting. When Max left the shop with a new shirt, Dana jumped up happily – and knocked over the box of shirts again! (149 Wörter)

Writing a letter or an email

	Persönliches Schreiben	Formelles Schreiben: Empfänger bekannt:	Formelles Schreiben: Empfänger unbekannt:
Anrede	Hi... / Dear ... / Hello (+ name)	Dear Mr/Mrs/ Ms (+name)	Dear Sir or Madam
Schlussformel	Bye for now / Best wishes / Yours / Love / Regards /...	Yours sincerely	Yours faithfully
		Etwas weniger formeller Gruß: *Regards, Best wishes*	

I would like to apply for the job. • **I will** be away in August. • **I am** in my last year at school. • **I have** worked in this cafe since June. • **I do not** mind working at weekends.

Beispiel 1: Beschwerden
Schritt 1:
Dear Sir or Madam
I ordered a phone from your online shop on Friday 3rd May. But there have been a few problems.
First, your website promised that deliveries would take a maximum of three days, so I was very disappointed when it had not arrived a week later. The short delivery was one of the reasons why I ordered the phone from your shop.
I therefore phoned your customer service to find out what was happening. I had to wait a long time before anybody answered the phone, and then the assistant I spoke to could not find my order. He did not apologize, but he made a new order.
The phone finally arrived at the end of June, but unfortunately it did not work. Not only was the front broken, but the charger was missing too.
Naturally I am very unhappy with this service.
Please now send me a new phone. When I have received it, I will then return the broken phone that you sent me. If I do not receive a new phone by the end of this month, I will explain the whole story in an online review.
Many thanks for your cooperation.
Yours faithfully
Callum Spencer

Schritt 2
Lösungsbeispiel:
I ordered ... from your online shop. • There have been a few problems. • Your website promised that deliveries would take a maximum of ... days. • I was very disappointed when ... • I therefore phoned your customer service ... • I had to wait a long time before ... • ... did not apologize ... • ... made a new order. • ... finally arrived ... • ... was broken/missing • I am very unhappy with ... • Please now send me ... • I will then return ... • I will explain the story in an online review. • Many thanks for your cooperation.

Schritt 3:
Dear Ms Turner

I stayed in your hotel from 1st to 5th May. But I was very unhappy with my room.
To begin with, the bathroom was dirty.
Then, there were no towels.
What is more, it was very noisy because people were drinking in front of the hotel all night.
As a result, I did not get any sleep.
And finally, your website promised a view of the sea, but I could

not see the sea.
So now I wish to claim compensation for my stay in your hotel.
I look forward to hearing from you soon.

Yours sincerely
Zoe Smith

Schritt 4
Lösungsbeispiel:
Dear Sir or Madam

On Thursday 26th March my parents and I had lunch in your restaurant. I must tell you that we were not satisfied with our experience.
To begin with, the food was very disappointing. My mother's meat was not properly cooked. And not only were my potatoes still partly frozen, but my steak was as hard as a piece of wood. Moreover, the service was terrible. My father had ordered fish, but the waiter brought sausages. When my father explained, the waiter took the sausages away, but still did not bring the fish. Finally, when we wanted to complain to the manager, we were told that she was busy.
To make things even worse, the other guests were extremely rude. For example, a woman dropped her glass close to our table and did non even apologize. Shortly afterwards, a man started yelling and the waiters did not do anything to stop him. So now we would like to claim compensation for the cost of the meal. We paid £ 80 for it. I am sure you will agree that this is not acceptable.

Yours faithfully
Rosa Schröder (191 Wörter)

Beispiel 2: Bitte um Auskunft

Schritt 1:
Dear Sir or Madam

I have read about your campsite on your website and I have a few questions.
First, can you please tell me what the price is per night for six people with three tents? We would like to stay at your campsite over the Easter weekend. Do you offer special prices for groups or for young people? And do you accept credit cards or do we have to pay cash?
Next, we'll arrive by train. Can we walk to the campsite or is there a bus from the station?
We would also be interested in renting bicycles. Do you know if there are bikes for hire near the station?
And finally, I would like to know if the campsite restaurant is expensive. Maybe you could send me the menu.
Thank you very much in advance for your help.

Yours faithfully
Tony Jenkins

Schritt 2:

Nicht so ...	... sondern besser so:
What is the price ...?	Can you please tell me what the price is ...?
We want to stay ...	We would like to stay ...
We want to rent bicycles ...	We would also be interested in renting bicycles ...
Are there bikes for hire ... ?	Do you know if there are bikes for hire ...?
Is the ... restaurant expensive?	I would like to know if the ... restaurant is expensive.
You could send me ...	Maybe you could send me ...
Thanks!	Thank you very much ...

Schritt 3
Lösungsbeispiel:
Dear Sir or Madam

My friend Luca worked as a volunteer at one of your summer camps last year and she liked this experience very much. So now I would like to volunteer too, but I have a few questions:
Do you offer accommodation for your volunteers this year too? How many volunteers share a room or tent? And what activities do you do with the kids? I work as a soccer coach in my free time, so I already have some experience with kids and could set up a little soccer team. My first language is Arabic, so this could be useful for kids from Arabian countries who don't speak English well yet. I also play the guitar and would love to sing with the kids. Do you require any other qualifications?
I finish school in July, so I would like to work all of August, if possible.
I look forward to your reply.

Yours faithfully
Adnan Abadi
(158 Wörter)

Beispiel 3: Bewerbungsschreiben

Schritt 1
Lösungsbeispiel:
Dear Sir or Madam

I read your advert online and I would like to apply for the job of assistant to help in your cafe this summer.
I am in year 10 at the Rheingau school in Dortmund and have been learning English for six years. A summer job in your cafe would give me the chance to improve my English and to meet people from all over the world.
I already have some experience because last year I worked in a cafe for a month. My responsibilities included taking orders, preparing and serving food and washing dishes. I am honest and reliable and I like working with customers.
I speak German as my first language, and I also speak Spanish and a little bit of Turkish.
I could start work at the beginning of August.
For references, please contact my school. Please find my CV attached.
I look forward to hearing from you soon.

Yours faithfully
Leon Garcia

Schritt 2

Lösungsbeispiel:

I read your advert online/... • I would like to apply for the job of ... • I am in year ... at ... in ... • I have been learning English for ... years. • A job in ... would give me the chance to ... • I already have some experience because ... • My responsibilities included ... • I like working with ... • I speak ... as my first language. • I could stark work in/at ... • For references, please contact ... • Please find my CV attached. • I look forward to hearing from you soon.

Schritt 3

Lösungsbeispiel:

personal qualities: honest, reliable, hard-working, friendly, polite, team player, organizational skills, confident, enthusiastic, communication skills, social skills, energetic, punctual, flexible, ...
work experience: assistant, part-time, weekend job, summer camp, summer job, first-aid training, voluntary work, member of school council, training, trainee, instructor, basic knowledge, apprenticeship, ...
application words: CV, advert, pay (rate), references, education, skills, qualities, enclose, include, attach, apply, responsibilities, earn, strength, work experience, study, working hours, career, qualification, shift work, requirement, certificate, application form, job interview, available, ...

Schritt 4

Lösungsbeispiel:

Dear Sir or Madam

I read your advert online and I am writing to apply for the job.
I think I would be very suitable because I have been interested in robots from a young age. While my classmates were wasting their time doing sports, I spent all my time reading robot manuals. There can be few students who know more about robots than I do.
I also have valuable experience of working on robots. My parents do not understand robots, so they always ask me for help when a robot stops working. Last week, for example, when our toilet cleaning robot went on strike, I was able to repair it. What's more, I have worked as a babysitter for many years, so I know how to take care of the little ones.
As regards my personal qualities I am not only reliable, but also very communicative. This would be useful for showing school groups around. Finally, I am a hard-working person and do not mind getting my hands dirty or cleaning after little robots.
I have one question: do you offer accommodation to full-time volunteers?
I look forward to hearing from you.

Yours faithfully
R2D2 Skywalker (197 Wörter)

Writing an article or a report

Schritt 2

Lösungsbeispiel:

A visit from our English partner school

Last February we were visited by a group of students from our English partner school in Swindon. They stayed in seven different families and spent each morning with us at school. In the afternoons we showed them around the cafes in town – they especially liked German cakes and Spezi, which doesn't exist in England.
The English students were with their host families over the weekend, and many went on trips into the Black Forest or over the border into France or Switzerland. The students were amazed that they could cross the border so easily: they told us that they always had to stand in a long queue and show their passports when they arrive back at Heathrow Airport.
It was a very successful visit, and our thanks go to the teachers who organized the visit and to the families who kindly offered their homes. (151 Wörter)

Writing a blog

Schritt 2

Lösungsbeispiel:

Hi guys!

This is my final blog – I can't really believe it! We've had another great day today. After checking out of our hostel in Krakow, Karl and I took the train to Prague. What an amazing city! We joined thousands of tourists as they strolled across the Charles Bridge. And we came back in the evening because we wanted to see the bridge lit up at night.
Strange to think it's the last evening of our trip. Among our many highlights was meeting Maria and swimming together in Croatia. But this evening was certainly a highlight too because the atmosphere on the bridge was absolutely incredible. So many young people, and such great music!
This journey has been one of the best things I've ever done. I've learned to agree to go and see things that I myself would never have chosen. As a result, I've seen lots of fantastic places that I'd never heard of before.
When we leave Prague tomorrow morning, we'll be on our final journey of this holiday. I'll miss the excitement of discovering new places every day, but I'm also looking forward to seeing everybody at home! (175 Wörter)

TRAINING SECTION, Teil E: Interpreting ► p. 69–75

Fragen zu einem englischen Text auf Deutsch beantworten

The Mousetrap

Lösungsbeispiel:

a) ist das am längsten aufgeführte Theaterstück der Welt • David Raven ist im Guinnessbuch der Rekorde als der am längsten in einer Rolle auftretende Schauspieler der Welt
b) hatte dieselbe Rolle wie früher ihre Mutter
c) Publikum mochte das Stück sehr, die Kritiker dagegen waren nicht begeistert
d) rechnete nicht mit langer Laufzeit
e) Stück wurde nicht als Buch veröffentlicht • Stück wurde nie verfilmt • Publikum wird gebeten, Auflösung nicht zu verraten

Fragen zu einem deutschen Text auf Englisch beantworten

Praktikum am Gerald Theater

Lösungsbeispiel:

a) (drei von fünf möglichen Angaben:) help with sound and light • help prepare/make costumes • work in marketing • sell tickets • work in the cafe
b) (zwei von drei möglichen Angaben:) love acting and theatre • be independent • be willing to work in the evening
c) usually two weeks, but up to two months

d) no more than 35 hours per week • can be evenings and weekends • can be irregular

e) you don't earn anything / you get no money / nothing

Deutsche Informationen auf Englisch wiedergeben

Das Jugendzentrum

Lösungsbeispiel:

a) The youth club is for kids between 12 and 18. You can play there, chat, meet friends or just relax.

b) The club also offers German courses for different levels and they can connect you with a language partner.

c) They have table tennis, billiards and table football and there are tournaments at the weekend. They also have books, board games and lots of materials for making things.

d) You can also do workshops there, for example you can learn to fix a bike or to cook. The manager would like to know if you have any ideas for workshops or if you want to offer a workshop.

e) The youth club is open from 2 pm to 8 pm on school days and all day at the weekend and during the holidays.

Englische Informationen auf Deutsch wiedergeben

Six youth orchestras in Manchester

Lösungsbeispiel:

a) Alle können in einem der sechs Jugendorchester mitmachen – es gibt etwas für jedes Niveau.

b) Die Proben finden immer samstags von zehn bis halb eins statt, außerdem an jeweils drei Tagen während der Oster-, Sommer- und Weihnachtsferien. Die Proben finden an der Universität Manchester statt.

c) Die Teilnahme kostet 50 Pfund am Tag bzw. 45, wenn man sich früh anmeldet. Es gibt aber auch Zuschüsse für Familien, die das Geld nicht aufbringen können.

d) Man kann das Bewerbungsformular downloaden. Die Bewerbungen werden nach Eingangsdatum bearbeitet, also sollte man sich so früh wie möglich anmelden.

Musterprüfung 1, Teil A: Listening ▶ p. 78–80

Part 1: Bob Marley

Lösungsbeispiel:

a) in Jamaica in 1945 • b) (zwei von vier möglichen Angaben) his father was much older than his mother / his parents separated / his father died when Bob was young / he and his mother were poor • c) place where Marley got interested in music / place where Marley formed his first band / poor neighbourhood of Kingston where Marley grew up • d) The Teenagers • e) (eine von verschiedenen Möglichkeiten) Buffalo Soldier / I Shot the Sheriff / No Woman, No Cry / Concrete Jungle / ...

Part 2: Places in Shakespeare's life

a) Globe • b) x • c) Henley Street • d) London • e) Town Hall

Part 3: Cricket in India

a) B • b) A • c) C • d) A • e) C

Part 4: A mailbox message

a) false • b) false • c) true • d) false • e) false

Musterprüfung 1, Teil B: Text-based tasks ▶ p. 81–83

High-rise living in Britain

Part 1

a) D • b) B • c) x • d) F • e) A • f) C • g) x • h) E

Part 2

a) not in the text • b) true • c) false • d) false • e) true • f) false

Part 3

a) B • b) D • c) C • d) A • e) B

Part 4

Lösungsbeispiel:

a)–c) land is becoming more and more expensive • it's more ecological to build high-rise buildings in cities than single-family homes • high-rise buildings have become more popular with wealthier people • the population is expected to grow and more people can be housed in tower blocks than in houses • ...

Part 5

Lösungsbeispiel:

a) Tower block flats have always been popular with some people because of the amazing views, because people feel safer in them, and because these flats attract less insects and mice.

b) We know that the general opinion has become more positive towards flats because apartment blocks are being built everywhere.

c) Modern flats are different in that they are large, airy and well equipped, CCTV cameras keep the entrances safe, corridors get cleaned and lifts get repaired when they are broken down.

d) People living on the 8th floor or above are less likely to die of lung disease or from heart attack because walking up the stairs keeps you fit and there is less air pollution and traffic noise.

Musterprüfung 1, Teil C: Use of language ▶ p. 84–85

Part 1

a) litter • b) costly • c) to employ

Part 2

a) majority • b) untrue/false/incorrect/wrong/... •
c) to shrink / to decrease / to decline / to drop / to fall

Part 3

Lösungsbeispiel:

a) A resident is a person who lives somewhere permanently. / ... is someone who lives in a place. / ... • b) The skyline is the line/silhouette of buildings against the background of the sky. / A skyline is a shape or pattern made against the sky, for example by buildings in a city. / The skyline of Manhattan with all its skyscrapers is breath-taking. / ... • c) To maintain something means to keep it working or in good condition. / When the company stopped maintaining the lifts, they started failing more and more often. / ...

Part 4

a) showing • b) for • c) buying • d) bitterly • e) children •
f) are changing, have changed • g) to rent • h) finding • i) that •
j) hasn't built • k) larger • l) their

Part 5

Lösungsbeispiel:

How old were the kids you took care of? • Why did you choose to volunteer at a summer camp? • What activities did you do with the kids? • Where did the summer camp take place? • Would you recommend this summer camp? • Did you get free food and accommodation? • Have you ever done anything like this before? • Are you going to volunteer again next year? • …

Part 6

a) Of course, not everyone succeeds in gaining employment. • **b)** But the advantages of being in work are understood by most people. • **c)** Employment provides an income as well as a greater sense of self-value. • **d)** And most people want to leave the house instead of staying at home all day.

Musterprüfung 1, Teil D: Creative writing ► p. 86

Part 1

Lösungsbeispiele:

A: It is well-known that planes emit a lot of carbon dioxide. So the question is: should short-distance flights be banned?
On the one hand, short-distance flights are convenient – they save time and they are inexpensive. What is more, the alternatives to short-distance flights aren't great either: cars emit carbon dioxide, too, and trains are slow, unreliable and expensive. So banning short-distance flights would make travelling more difficult and costly.
On the other hand, the consequences of climate change will be even worse, and banning short-distance flights would definitely help save the planet.
So all in all I think that short-distance flights should be banned, but only if governments also invest in train travel. (114 Wörter)

B: Many people say that camping is no fun because it might get cold during the night, you don't sleep well, and you can't cook proper meals. But in my view, this is exactly what makes camping so great: you have to learn to improvise and live with less. This is so much more exciting than holidays in a hotel. Moreover, you feel so much closer to nature, waking up every morning in the middle of a forest, next to a lake or on top of a mountain. It simply is the best sort of holiday! Except when it doesn't stop raining – that can get annoying after a couple of days. (111 Wörter)

C: I don't think that life in the country is better than life in towns and cities. Of course, the countryside is beautiful, the air is cleaner and there is more space. Nevertheless, I prefer living in the city. Firstly, it is so much easier to get around. I don't need my parents to drive me, I can go almost everywhere on foot or by using buses and trains. Secondly, there is so much more to do: I can go to the cinema or shopping anytime I want. I just like the busy life in the city. And if it gets too stressful, I can always take a daytrip into the countryside! (111 Wörter)

Part 2

Lösungsbeispiele:

A:

Dear Sir or Madam

I read your advert at the post office and I am writing to apply for the job of assistant.
I have always been interested in helping older people because I am fascinated by their stories. I am hoping to be a social worker when I leave school and working in the Day Centre would give me useful experience.
I think I would be suitable for the job because I have experience helping my grandad, who is 85. I often get his meals ready, and we chat a lot as well. As a result, I know how important it is to give older people time to talk. As regards my personal qualities, I am reliable and caring, and very patient when people need time to do simple things. I do not mind getting my hands dirty or cleaning up after people.
May I also ask you a question? I have already booked a holiday from 20th to 27th June – would that be OK?
I look forward to hearing from you.

Yours faithfully
Lucian Schneider (177 Wörter)

B: Last night I was walking down a dark street in town. It was raining and I felt a bit scared because I was alone. Suddenly, I heard footsteps behind me. When I turned right, the footsteps followed me. I didn't dare to look behind me. I just tried to walk faster and hoped that I would soon come to some shops or cafes with some lights. But the footsteps got faster, too. That really frightened me. I put my hand into my pocket to take out my phone, but I couldn't find it. Had I left it at my friend's place? The footsteps came closer and closer. I started running and heard the person behind me beginning to run too. Then I felt a hand on my shoulder. I nearly died of shock. Turning around I looked into a man's face. He was smiling and said: "You dropped your phone. I wanted to give it to you. Here it is."
(160 Wörter)

Musterprüfung 1, Teil E: Interpreting ► p. 87–88

Part 1

Lösungsbeispiel:

a) they specialize in chickens, bees and goats and their produce (eggs, honey and goat cheese)

b) (zwei von vier möglichen Angaben:) help in the garden / cut and water plants, take out rubbish • help with the care of the animals • help with easy construction work / repair fences and barns • help sell produce at the market

c) (zwei von drei möglichen Angaben:) accommodation at the farm for free • you get a (comfortable) room or a (heated) camping trailer • you have your own bathroom (with toilet, shower and towels)

d) send your application via email

Part 2

Lösungsbeispiel:

a) Die Everglades sind berühmt für ihre wilden Tiere. Daher gibt es Luftboot-Touren, um Alligatoren, Schlangen und Schildkröten zu sehen. Und es gibt Besucherzentren, wo man etwas über den gefährdeten Lebensraum der Alligatoren lernen kann.

b) Es gibt riesige Umweltprobleme. Die Gewässer sind durch Abwässer aus Miami verschmutzt und Haustiere gefährden die wilden Tiere.

c) Das größte Problem ist, dass die Feuchtgebiete austrocknen. Eine Ursache ist, dass der langsame Kissimmee in den 60er Jahren durch einen Kanal ersetzt wurde, der das Wasser zu schnell abführt.

d) Verschlimmert wird die Situation dadurch, dass der Highway 41 auf einem Erdwall durch die Everglades führt, sodass kein Wasser in den südlichen Teil der Everglades gelangt.

e) Deshalb werden jetzt Teile des Kanals wieder aufgefüllt und ein Teil des Highways wird auf eine Brücke gehoben. Wir könnten also auf Bauarbeiten stoßen.

Musterprüfung 2, Teil A: Listening ► p. 89–91

Part 1: St. Kilda

a) 37 • b) 1,000,000 • c) 100 • d) x • e) 1930 • f) 4,000

Part 2: Three tourist attractions in Brighton

Lösungsbeispiel:

b)/c) The British Airways i360: narrow concrete tower • 162 m high • you travel up in a large cabin/capsule • 200 people fit into the cabin/capsule • 360-degree view (of town/sea/countryside) • rides cost £15 for tourists and £7.50 for residents

e)/f) The Royal Pavilion: exotic-looking / doesn't look English • has a park (with exotic trees) • has lots of towers • built between 1815 and 1822 • built for Prince George • today you can visit the rooms and kitchens • interesting because of contrast between lifestyle of Prince George and his servants • costs £12.30 for adults and £6.90 for children

h)/i) The Sewers: very old / built in 1860 • built to make Brighton safer and healthier • big success: fewer people died • visits are very popular / have to book in advance • costs £12 for adults and £6 for children • no admissions for children under the age of eleven / children aged 0–10 can't visit

Part 3: Bo-Kaap – a special district in Cape Town (Part 1)

a) true • b) false • c) false • d) true

Part 4: Bo-Kaap – a special district in Cape Town (Part 2)

a) C • b) A • c) C • d) B

Musterprüfung 2, Teil B: Text-based tasks ► p. 92–95

Life in South Africa today

Part 1

a) C • b) x • c) A • d) E • e) x • f) D • g) B

Part 2

a) false • b) true • c) false • d) not in the text • e) true • f) false • g) not in the text • h) true

Part 3

a) D • b) C • c) B • d) A • e) C

Part 4

Lösungsbeispiel:

a)–c) high rates of HIV • little money to spend on schools and social conditions • little real mixing of black and white populations • black South Africans are still much poorer than white South Africans • sexual violence against women and girls • the economy is not doing so well any more

Part 5

Lösungsbeispiel:

a) They were killed or locked up in prison.

b) South Africa is called the Rainbow Nation because of its multiculturalism. / ... because it has a wide range of cultures, languages and ethnic backgrounds. / ...

c) The situation is especially bad for women and girls because they live in fear of sexual violence. / ... because they have a high rate of HIV infections.

d) The government doesn't have enough money to invest in schools because the economy is growing only very slowly.

Musterprüfung 2, Teil C: Use of language ► p. 95–97

Part 1

a) neighbourhoods, areas, districts • b) scared, afraid, anxious, fearful • c) have gotten better

Part 2

a) forbidden • b) truth • c) (to) die

Part 3

Lösungsbeispiel:

a) If something is public, it means that most people know about it or can use it. / She doesn't own a car, so she has to rely on public transport. / You say that something is public if it is available to most people, and not only to a few. / ...

b) People who live in a country make up that country's population. / China has a population of almost 1.5 billion people. / "Population" refers to the number of people who live in a place. / ...

c) To exaggerate means to represent something as better or worse than it is. / He exaggerated the dangers he experienced as a child. / If you exaggerate something, it means that you make it seem more important, better, worse etc. / ...

Part 4

a) receives • b) these • c) as • d) largest • e) from • f) choose • g) is spoken • h) third • i) who • j) surprisingly • k) were planted • l) over

Part 5

Lösungsbeispiel:

What is your favourite thing about Cape Town? • Where is your favourite place to go in Cape Town? • How do you like life in Cape Town? • What are typical dishes from your hometown? • What is your school like? • Have you ever experienced violence on the street? • Have you ever been attacked on the street? • Were you born in Cape Town? • Do you think you will stay in Cape Town when you grow up? • ...

Part 6

a) as famous as • b) because he wanted • c) were founded by him • d) made business decisions

Musterprüfung 2, Teil D: Creative writing

► p. 97

Part 1

Lösungsbeispiele:

A: I agree that people should be more interested in politics. It's easy to say that politicians are selfish, corrupt or boring, or that the political parties fight all the time, or that one vote can't make a big difference anyway. But if everybody thinks this way our democracy is in danger and things can go the wrong way. In my opinion, Brexit is a good example. Many young people didn't vote, and now they will have to live with the consequences of Brexit. For this reason, I think people should always be informed about politics, and they should support political parties that could make a change for the better – by voting for them or even by becoming active themselves. (119 Wörter)

B: Older people have always complained about young people: they are lazy, they have too many piercings, their music is too loud, etc. Nowadays they complain about mobile phones – they say that young people use them too much. But are mobile phones really that dangerous? In my view it all depends on what you do with your mobile phone and how you use it. Mobile phones can be a great asset for the modern world as long as they are used wisely. Often the real reason, I think, is that older people feel left out. They can't do what the young people do – so they complain about it. (107 Wörter)

C: Can violence ever be right? Some people say that violence is part of human nature or that sometimes it can even be necessary, for example to defeat evil powers like the Nazis during World War II. But in my opinion, this can't really be called violence – it's self-defense.
Real violence almost always creates even more problems. For example, children suffering violence from their parents often struggle later in life or become violent themselves. And the violence in Syria, for instance, has led to thousands of people risking their lives to escape.
So all in all, it is always better to solve problems with words instead of violence. This way a real solution can be found for the future. (119 Wörter)

Part 2

Lösungsbeispiele:

A:

Dear Sir or Madam
In May my parents and I spent two nights in your hotel. We had booked a large family room with a bathroom, and free access to the pool and gym. And we had been looking forward to what your website called authentic South African cuisine.
But when we arrived, we were very disappointed. Instead of a family room, we were given three separate single rooms. None of them had its own bathroom. And the food in the restaurant was the same as any food in a cheap restaurant in Germany. To make things even worse, the hotel staff were not helpful when we complained. We were not offered alternative rooms. In fact, we were not even given an apology.
So now we would like to claim compensation for the cost of our stay. We paid 3000 rand for it.
I am sure you will agree that at least half of this should be paid back to us.
Yours faithfully
Lotte Mandelbaum (163 Wörter)

B: 25 members of class 10C went to Jena on the last Friday in April to see an Agatha Christie film – Murder on the Orient Express – in English. The story takes place on a train that is travelling from Istanbul to Paris. On the way it runs into snow, and the passengers have to wait for rescue. While they are waiting one of the passengers is killed. Who committed the crime? And how did he or she do it? That's what the detective Hercule Poirot has to find out – and the answer is, of course, a big surprise.
It's an exciting story played by a cast of famous actors. Luckily, the language was not too difficult, and we could all understand what was happening. So we all enjoyed the film, although some of us thought that some scenes were a bit unrealistic.
Many thanks for a very enjoyable evening to Ms Schneider for organizing the trip. (155 Wörter)

Musterprüfung 2, Teil E: Interpreting

► p. 98–99

Part 1

Lösungsbeispiel:

a) Es wird geprüft, ob man einen Schutz gegen Malaria hat. / Prüfung auf Schutz gegen Malaria / ... • Man muss für jeden Tag, den man im Park verbringt, etwas zahlen. / Gebühr pro Tag / ...

b) Man kann entweder mit seinem eigenen Fahrzeug den Park auf eigene Gefahr betreten oder man schließt sich einer kleinen Gruppe an, die von einem Ranger geleitet wird.

c) Es gibt so viele unterschiedliche Tiere wie in keinem anderen Nationalpark auf der Welt.

d) Man braucht eine Erlaubnis, um den Park wieder zu verlassen.

Part 2

Lösungsbeispiel:

a) The activities take place in Konrad Adenauer Park every Saturday from 9 to 11 am.

b) They do a mix of different sports, for example yoga, tae kwon do and ball games such as football and badminton. They provide balls, nets and music. The trainers are all professionals.

c) It's free. But you should sign up online because only 20 people can take part per group. You can also try to go there spontaneously and see if maybe somebody didn't show up.

d) It takes place all through the year and during the holidays, but there's no training when it rains.

e) Are you interested in anything special? They always try to offer the sports participants are interested in.

Übersicht über die Hörtexte

Die Tonaufnahmen (MP3-Dateien) und die Hörtexte findest du online unter www.scook.de.
Deinen persönlichen Zugangscode findest du auf Seite 1 deines Abschlussprüfungstrainers.

Track	Kapitel	Titel	Seite
1	Training Section	My foreign language experience	25
2	Training Section	A visit to Krakow	26
3	Training Section	The Niagara Falls	27
4	Training Section	The Top of the Rock observation deck	29
5	Training Section	Three British planes	30
6	Training Section	The D of E expedition	31
7	Training Section	Skyways in the US and Canada	32
8	Musterprüfung 1	Bob Marley	78
9	Musterprüfung 1	Places in Shakespeare's life	79
10	Musterprüfung 1	Cricket in India	79
11	Musterprüfung 1	A mailbox message	80
12	Musterprüfung 2	St. Kilda	89
13	Musterprüfung 2	Three tourist attractions in Brighton	90
14	Musterprüfung 2	Bo-Kaap – a special district in Cape Town (Part 1)	91
15	Musterprüfung 2	Bo-Kaap – a special district in Cape Town (Part 2)	91

Studio: Clarity Studio Berlin
Regie und Aufnahmeleitung: Christian Schmitz
Tontechnik: Hüseyin Dönertaş, Christian Marx, Christian Schmitz

Schritt 5: Jetzt bist du dran!
Schreibe deinen eigenen Text von ca. 100 Wörtern (90–120). Du kannst dabei deine Ideen aus Schritt 2 und die Redemittel aus Schritt 4 verwenden. Weitere Redemittel findest du im Lösungsheft (S. 4).

Wenn du noch mehr Übung brauchst, schreibe auch einen Kommentar zu den Aussagen **A** und **C** der Prüfungsaufgabe.

Tipp

Inhalt und Struktur deines Textes sind wichtig. Vergiss aber nicht, auch auf deine Sprache (Wortschatz, Grammatik, Rechtschreibung) zu achten – sie zählt doppelt so viel wie der Inhalt! Wenn du da noch unsicher bist, nutze die interaktiven Übungen auf www.scook.de.

Tipp

Da es sich um eine allgemeine Aussage handelt, schreibst du deinen Kommentar im *simple present*. Wenn du deine Argumente durch Beispiele aus vergangenen Erfahrungen stützen willst, wechselst du ins *simple past*.

Schritt 6: Überprüfe deinen Text. Dafür kannst du diese Checklisten verwenden. Natürlich kannst du in so einem kurzen Text nicht alle Kriterien erfüllen!

Überprüfe die Länge, die Struktur und den Inhalt deines Textes:	
Mein Text hat die geforderte Länge (90 bis 120 Wörter).	☐
Ich habe das Thema in der Einleitung vorgestellt.	☐
Ich habe Argumente für und gegen die Aussage aufgeführt.	☐
Ich bin zu einem begründeten Ergebnis gekommen.	☐

Überprüfe auch die Sprache deines Textes:	
Ich habe meinen Kommentar im *simple present* geschrieben.	☐
Ich habe einige typische Redemittel verwendet.	☐
Mein Satzbau ist abwechslungsreich (Haupt- und Nebensätze).	☐
Ich habe einige *linking words (because, although, all in all, ...)* verwendet.	☐
Mein Wortschatz ist abwechslungsreich.	☐
Ich habe meine Rechtschreibung überprüft.	☐
Ich habe meine Grammatik überprüft.	☐

Tipp

Es ist immer leichter, Fehler bei anderen zu finden! Es ist also eine sehr gute Übung, fremde Texte zu überprüfen. So trainierst du die Fähigkeit, auch in deinen eigenen Texten Fehler zu entdecken.

Schreibaufgabe 2 (160 Wörter)

Bei der längeren Schreibaufgabe kannst du zwischen zwei Alternativen (A **oder** B) **wählen**.
Zu den vielfältigen Aufgabenstellungen, die drankommen können, gehören z. B.:

- *Write a diary entry.*
- *Write a story.*
- *Write a letter/email.*
- *Write an article/report/blog.*

Tipp

Bei der zweiten Schreibaufgabe sind 140 bis 200 Wörter erlaubt. Gehe ruhig bis an die Obergrenze – so kannst du mehr Pluspunkte für Inhalt und Sprache sammeln. Schreibst du aber mehr als 200 Wörter, werden dir Punkte abgezogen.

Writing a diary entry

Bei diesem Aufgabenformat sollst du einen Tagebucheintrag zu einer vorgegebenen Situation schreiben. Manchmal ist auch der erste und/oder letzte Satz vorgegeben. Es ist wichtig, dass dein Tagebucheintrag zu diesen Vorgaben passt!

Tipp

Was ist bei Tagebucheinträgen zu beachten?

- Tagebucheinträge schreibst du aus der **Ich-Perspektive**.
- Wie fast alle Texte hat auch ein Tagebucheintrag eine **Einleitung**, einen **Mittelteil** und einen **Schluss**.
- Berichtest du über vergangene Erlebnisse, Gedanken und Gefühle? Dann schreibst du überwiegend im *simple past*.
- Gibst du allgemeine Gedanken oder Gefühle wieder? Dann benutze das *simple present*.
- Sprichst du über Pläne? Dann schreibst du im Futur.
- Abwechslungsreiche **Adjektive** machen deinen Text lebendig.

So könnte die Prüfungsaufgabe lauten:

You went on a great trip last weekend.
Write a diary entry about your trip in about 160 words.

Schritt 1: Lies das Lösungsbeispiel rechts und bearbeite folgende Aufgaben:

Struktur und Inhalt:

1. Markiere die **Einleitung** und den **Schluss**.
2. In einem Erlebnisbericht wie diesem sollten die wichtigsten *wh*-Fragen beantwortet sein. Wie sieht es hier aus?

Who: Charlie and I

Where: ______

When: ______

What: ______

______

Why: ______

How: ______

______

Dear diary

Last weekend I went on a camping trip in the Black Forest with Charlie. Actually, Kyran had wanted to come too, but unfortunately he didn't have time because he had so much homework.

The weather was awful, but the trip was still great fun. We hiked along muddy valleys, we climbed steep hills and in the evening we cooked on an open fire. The night in the wet tent wasn't great, but the next day the sun came out. It was a great feeling to stand on Feldberg, the highest mountain that I had ever climbed! Usually I'm not a very sporty person, so I'm really proud that I didn't give up. Charlie and I talked and laughed a lot and met some really nice people who helped us start the fire in the rain.

I think I'll organize a longer hiking trip for next summer. It would be great if Kyran could come along too.

3. Der Text beschreibt überwiegend Erlebnisse. An welchen Stellen zeigt sich aber die **Ich-Perspektive**, die für Tagebucheinträge typisch ist (Gefühle, Gedanken)?

Sprache:

1. Über Erlebnisse berichtet man in der **Vergangenheit**. Notiere alle Verben im *simple past:*

   Welche anderen **Zeitformen** kommen vor? Wofür werden sie verwendet?

2. **Adjektive** machen den Text lebendiger. Notiere die Adjektive:

   Tipp
   Behalte stets deine Wörterzahl im Blick. Wenn dein Text zu kurz ist, kannst du noch passende Adjektive oder Verbindungswörter einfügen.

   Das Adjektiv *great* kommt dreimal vor. Welche anderen Adjektive mit derselben Bedeutung würden Abwechslung schaffen?

3. **Verbindungswörter** *(linking words)* und **Zeitwörter** *(time words)* strukturieren den Text. Notiere sie:

4. **Satzbau:** Nebensätze bringen Punkte! Markiere sie blau.

Schritt 2: Jetzt bist du dran!
Beschreibe einen Ausflug, den du gemacht hast (ca. 160 Wörter). Wenn dir kein geeigneter Ausflug einfällt, kannst du auch einen Ausflug erfinden. Orientiere dich an den Pluspunkten im Lösungsbeispiel (S. 52).

Tipp
Schreibe nicht weniger als 140 Wörter und nicht mehr als 200 – sonst verlierst du Punkte! Orientiere dich aber im Zweifel an der oberen Grenze!

Schritt 3: Überprüfe deinen Text. Dafür kannst du diese Checklisten verwenden. Natürlich kannst du in so einem kurzen Text nicht alle Kriterien erfüllen!

Überprüfe die Länge, die Struktur und den Inhalt deines Textes:	
Mein Text hat die geforderte Länge (140 bis 200 Wörter).	☐
Mein Text passt zur Textsorte „Tagebucheintrag".	☐
Mein Text gliedert sich in Einleitung, Mittelteil und Schluss.	☐
Mein Text ist aus der Ich-Perspektive verfasst.	☐
Mein Text schildert – je nach Aufgabenstellung – Erlebnisse, Gedanken/Gefühle und/oder Pläne.	☐
Bei Erlebnissen habe ich die wichtigsten *wh*-Fragen beantwortet.	☐

Überprüfe auch die Sprache deines Textes:	
Ich habe die richtigen Zeitformen verwendet:	☐
– vergangene Erlebnisse, Gedanken und Gefühle im *simple past*	☐
– allgemeine Gedanken und Gefühle im *simple present*	☐
– Pläne im Futur	☐
Mein Satzbau ist abwechslungsreich (Haupt- und Nebensätze).	☐
Ich habe *linking words (because, all in all, ...)* und *time words (yesterday, ...)* verwendet.	☐
Ich habe verschiedene aussagekräftige Adjektive verwendet.	☐
Ich habe meine Rechtschreibung überprüft.	☐
Ich habe meine Grammatik überprüft.	☐

Writing a story

Bei diesem Aufgabenformat schreibst du eine erfundene Geschichte. Häufig erhältst du dafür einen Anfangs- oder Schlusssatz, zu dem deine Geschichte passen muss. Es können aber auch Bilder, eine Überschrift oder Wörter, die in deiner Geschichte auftauchen müssen, vorgegeben werden.

Tipp

Was ist bei Geschichten zu beachten?

- Geschichten haben einen **Titel**. Du kannst den Titel gleich zu Anfang wählen und dich davon leiten lassen. Du kannst den Titel aber auch am Ende festlegen, wenn deine Geschichte fertig ist.
- Geschichten kannst du aus verschiedenen **Perspektiven** schreiben (Ich-Erzähler oder dritte Person). Wenn du dich entschieden hast, musst du bei dieser Perspektive bleiben.
- Geschichten werden meist in der **Vergangenheit** erzählt. Verwende also für die Haupthandlung das *simple past*.
- **Wörtliche Rede, Fragen** und treffende **Adjektive** machen deine Geschichte lebendiger.
- Geschichten haben einen **Spannungsbogen:**
  - **Einleitung:** Es gibt eine **Ausgangssituation:** Schauplatz, Zeit, Personen etc. werden vorgestellt.
  - **Mittelteil:** Dann **passiert etwas** Überraschendes/Wunderbares/Schreckliches (Höhe- oder Wendepunkt)
  - **Schluss:** Das führt zu einer **neuen Situation** (die Auflösung eines Rätsels, ein Happy end etc.)

Dies ist eine typische Prüfungsaufgabe:

> Write a story about **one** of the following pictures in about 160 words.

Bild A

Bild B

Schritt 1: Entscheide dich für das Thema, zu dem dir spontan mehr einfällt. Das folgende Beispiel ist zu Bild A.

Schritt 2: Plane die Struktur deiner Geschichte und mache dir Notizen zum Inhalt, z.B. in einer Tabelle wie dieser:

Writing a story	
Titel: *A big surprise*	
Einleitung (Ausgangssituation): *Before: How the story started ...*	
Mittelteil (Höhe- oder Wendepunkt): *What happened then ... / The surprise ...*	
Schluss (neue Situation): *After: How things were afterwards ...*	

Schritt 3: Lies das Lösungsbeispiel zu Bild A unten auf dieser Seite und bearbeite folgende Aufgaben:

Struktur und Inhalt:

1. Aus welcher Perspektive wird die Geschichte erzählt? Kreuze an:
   - ☐ von einem Ich-Erzähler
   - ☐ von einer dritten Person

2. Was macht eine Geschichte lebendig? Kreuze zwei Kriterien an und gib für sie je ein Beispiel aus dem Text:
   - ☐ Fragen: ______
   - ☐ ein gutes Argument: ______
   - ☐ wörtliche Rede: ______
   - ☐ lange Beschreibung: ______

3. Und nun zum Spannungsbogen der Geschichte:

   Was ist die Ausgangssituation? ______

   Was ist der Höhe- oder Wendepunkt *(= the big surprise)*? ______

   Was könnte die neue Situation am Ende sein? ______

   ______

Sprache:

Warum werden die markierten Stellen Punkte bringen? Ordne die Kriterien aus dem Kasten den Stellen zu. Manchmal passen auch mehrere Kriterien.

Nebensatz • Fragesatz • Dialog • Gefühl • Adjektiv/Adverb • abwechslungsreicher Wortschatz • unterschiedliche Satzanfänge • *time phrase* • *linking word*

A big surprise

On her first day at work in the new clothes shop Dana was very nervous. Would she make some stupid mistakes? Would the customers be nice to her?

Everything started well, but then suddenly Dana dropped a box full of new shirts onto the floor. She went on her hands and knees to pick them up – and this is how she was when the door opened and a customer came in.

Dana looked up to say sorry, and that's when she had her enormous surprise. The customer was Max Kingdom, Dana's favourite film star. "Well, good morning," said Max, "have you lost something?"

At first Dana was too shocked to say anything. But Max helped Dana up and looked at her curiously …

Schritt 4: Jetzt bist du dran!
Schreibe deine eigene Geschichte (ca. 160 Wörter) zu Bild A oder B. Benutze dafür deine Notizen aus Schritt 2 und orientiere dich an den Pluspunkten im Lösungsbeispiel S. 56.

Tipp

Eine gute Vorbereitung für *story writing* ist es, das *simple past* zu wiederholen. Nutze dazu z. B. die interaktiven Übungen auf www.scook.de.

Tipp

Schreibe nicht weniger als 140 Wörter und nicht mehr als 200 – sonst verlierst du Punkte! Orientiere dich aber im Zweifel an der oberen Grenze.

Schritt 5: Überprüfe deinen Text. Dafür kannst du diese Checklisten verwenden. Natürlich kannst du bei so einem kurzen Text nicht alle Kriterien erfüllen.

Überprüfe die Länge, die Struktur und den Inhalt deines Textes:	
Meine Geschichte hat die geforderte Länge (140 bis 200 Wörter).	☐
Meine Geschichte hat einen Titel.	☐
Meine Geschichte hat eine klare Struktur mit Einleitung, Mittelteil und Schluss.	☐
Ich habe eine spannende oder interessante Atmosphäre geschaffen.	☐
Ich habe die gewählte Erzähl-Perspektive beibehalten.	☐
Ich habe wörtliche Rede in den Text integriert.	☐

Überprüfe auch die Sprache deines Textes:	
Ich habe die Haupthandlung meiner Geschichte in der Vergangenheit *(simple past)* erzählt.	☐
Mein Satzbau ist abwechslungsreich (Fragen, Nebensätze).	☐
Ich habe einige *linking words* oder *time words* verwendet.	☐
Ich habe verschiedene treffende Adjektive verwendet.	☐
Ich habe meine Rechtschreibung überprüft.	☐
Ich habe meine Grammatik überprüft.	☐

Writing a letter or an email

In Teil **D** der Prüfung können dir auch E-Mails oder Briefe begegnen. In der Regel bekommst du eine Situation vorgegeben. Dabei handelt es sich meist um …

- eine Beschwerde
- eine Anfrage oder Buchung
- eine Bewerbung für einen Job
- ein persönliches Schreiben, z. B. Dankesschreiben oder Gratulation

Manchmal erhältst du auch einen Text (z. B. eine Stellenanzeige oder einen Brief), auf den du reagieren musst.

Beim Schreiben von Briefen oder E-Mails gibt es einige Besonderheiten und Redewendungen, die du dir einprägen solltest, insbesondere für die Anrede und den Gruß. Fülle zur Wiederholung diese Tabelle aus:

	Persönliches Schreiben	Formelles Schreiben: Empfänger bekannt:	Formelles Schreiben: Empfänger unbekannt:
Anrede	*Hi (+name),*	*Dear Mr/Mrs/Ms (+name)*	*Dear* __________
Gruß	*Bye for now,*	*Yours* __________	*Yours* __________
		Etwas weniger formeller Gruß: *Regards, Best wishes*	

In formellen Briefen und E-Mails solltest du höflich und sachlich sein und die Langform der Verben verwenden:

nicht: ~~**I'd** like to apply for the job.~~ sondern: *I **would** like to apply for the job.*

nicht: ~~**I'll** be away in August.~~ sondern: __________

nicht: ~~**I'm** in my last year at school.~~ sondern: __________

nicht: ~~**I've** worked in this cafe since June.~~ sondern: __________

nicht: ~~**I don't** mind working at weekends.~~ sondern: __________

Da formelle Schreiben als besonders schwierig gelten und du dabei zahlreiche Besonderheiten beachten musst, sollen sie nun an drei Beispielen geübt werden.

Beispiel 1: Beschwerden

Schritt 1: Fülle die Lücken in dieser E-Mail mit Begriffen aus dem Kasten.

Tipp

Wiederhole vor der Prüfung die Schreibweise der Daten auf Englisch. Dies kann dir beim Verfassen formeller Schreiben nützen.

Dear __________

I __________ a phone from your online shop on Friday 3rd May. But there have been a few problems.

First, your website __________ that deliveries would take a maximum of three days, so I was very __________ when it had not arrived a week later. The short __________ was one of the reasons why I ordered the phone from your shop.

I therefore phoned your __________ to find out what was happening. I had to wait a long time before anybody answered the phone, and then the assistant I spoke to could not find my __________. He did not __________, but he made a new order.

The phone finally arrived at the end of June, but unfortunately it did not [ ].

Not only was the front [ ], but the charger was [ ] too.

Naturally I am very [ ] with this service.

Please now send me a new phone. When I have [ ] it, I will then [ ] the broken phone that you sent me. If I do not receive a new phone by the end of this month, I will explain the whole story in an [ ].

Many [ ] for your [ ].

Yours [ ]

Callum Spencer

work • online review • Sir or Madam • broken • customer service • faithfully • promised • ordered • delivery • order • cooperation • disappointed • return • thanks • missing • unhappy • received • apologize

Schritt 2: Notiere einige Redewendungen, die bei einer Beschwerde nützlich sein können:

____

____

____

____

____

____

Schritt 3: Die Beschwerdemail enthält viele Verbindungswörter *(linking words)*. Sie tragen dazu bei, dass sich die Mail gut liest. In der folgenden Beschwerde fehlen die Verbindungswörter. Verbessere den Text mit den Verbindungswörtern im Kasten.

Dear Ms Turner

I stayed in your hotel from 1st to 5th May.

I was very unhappy with my room.
The bathroom was dirty. There were no towels.
It was very noisy. People were drinking in front of the hotel all night.
I did not get any sleep.
Your website promised a view of the sea. I could not see the sea.

I wish to claim compensation for my stay in your hotel.

I look forward to hearing from you soon.

Yours sincerely
Zoe Smith

Tipp

Anrede von Frauen in formellen Briefen:
- *Mrs* galt früher als Anrede für verheiratete Frauen und ist heutzutage in formellen Briefen nicht mehr so üblich.
- *Ms* ist eine neutrale Anrede für alle Frauen und passt immer!

Then • So now • But • As a result • but • because • What's more • And finally • To begin with

Schritt 4: Jetzt bist du dran! Lies die Aufgabe und schreibe eine Beschwerde.

You had lunch in a restaurant in London, and it was not a good experience. Write a letter to the restaurant and complain about the food, the service and other guests.

Write about 160 words.

Tipp

Geh bei schriftlichen Beschwerden so vor:
1. Überlege dir die korrekte Anrede.
2. Schreibe, wann und wo du die schlechte Erfahrung gemacht hast.
3. Schreibe, dass du unzufrieden bist/warst, und gib die Gründe dafür.
4. Schreibe, was nun passieren soll, oder schlage eine Lösung vor.
5. Schreibe einen Schlusssatz.
6. Wähle die Grußformel, die zur Anrede passt.

Tipp

Schreibe dir auch aus den Lösungsbeispielen im Lösungsheft nützliche Wendungen heraus!

Schritt 5: Überprüfe jetzt deinen Text.
Dafür kannst du diese Checklisten verwenden.

Überprüfe die Länge, die Struktur und den Inhalt deines Schreibens:	
Mein Text hat die geforderte Länge (140 bis 200 Wörter).	☐
Ich habe eine passende Anrede geschrieben.	☐
Ich habe eine passende Grußformel geschrieben.	☐
Mein Text gliedert sich in Einleitung, Mittelteil und Schluss.	☐
Ich habe alle Vorgaben aus der Aufgabenstellung berücksichtigt.	☐

Überprüfe auch die Sprache deines Textes:	
Ich habe einige typische Redewendungen verwendet.	☐
Ich habe mein Anliegen höflich und sachlich formuliert.	☐
Mein Satzbau ist abwechslungsreich (Haupt- und Nebensätze).	☐
Ich habe die Langform der Verben verwendet.	☐
Ich habe einige *linking words* und *time words* verwendet.	☐
Mein Wortschatz ist abwechslungsreich.	☐
Ich habe meine Rechtschreibung überprüft.	☐
Ich habe meine Grammatik überprüft.	☐

Beispiel 2: Bitte um Auskunft

Schritt 1: Bring die Sätze dieser E-Mail in die richtige Reihenfolge.

Tipp

Im Englischen wird viel Wert auf Höflichkeit gelegt. Dies gilt auch für Briefe und E-Mails. Merke dir daher einige besonders höfliche Formulierungen!

Dear Sir or Madam

I have read about your campsite on your website and I have a few questions.

First, / for six people / can you please / tell me / with three tents / what the price is / per night / ?

We / the Easter weekend / would like / at / your campsite / to stay / over / .

Do / groups / you offer / for young people / special prices / or / for / ?

And / pay / credit cards / do you / have to / accept / or do we / cash / ?

Next, we'll arrive by train. Can we / or is there / walk to / the station / a bus from / the campsite / ?

We / renting / would also / in / be interested / bicycles /.

Do / if / bikes for hire / you know / there are / the station / near / ?

And finally, / if / I would / the campsite restaurant / like / is expensive / to know / .

Maybe / the menu / me / you / could send /.

Thank you / your help / in advance / very much / for /.

Yours faithfully

Tony Jenkins

Schritt 2: Lies die fertige E-Mail von S. 61 und verdeutliche dir, wie du höflich formulieren kannst:

Nicht so ...	... sondern besser so:
What is the price ...?	*Can you please tell me what the price is ...?*
We want to stay ...	
We want to rent bicycles ...	
Are there bikes for hire ... ?	
Is the ... restaurant expensive?	
You could send me ...	
Thanks!	

Schritt 3: Jetzt bist du dran! Lies die Aufgabe und schreibe deine Mail.

You want to work as a volunteer at a summer camp for children. Write an email, introduce yourself and ask for information. Find out about:
- accommodation
- activities
- skills/experience

Write about 160 words.

Schritt 4: Überprüfe jetzt deinen Text.
Dafür kannst du diese Checklisten verwenden.

Überprüfe die Länge, die Struktur und den Inhalt deines Schreibens:	
Mein Text hat die geforderte Länge (140 bis 200 Wörter).	☐
Ich habe eine passende Anrede geschrieben.	☐
Ich habe eine passende Grußformel geschrieben.	☐
Mein Text gliedert sich in Einleitung, Mittelteil und Schluss.	☐
Ich habe alle Vorgaben aus der Aufgabenstellung berücksichtigt.	☐

Überprüfe auch die Sprache deines Textes:	
Ich habe einige typische Redewendungen verwendet.	☐
Ich habe mein Anliegen höflich und sachlich formuliert.	☐
Mein Satzbau ist abwechslungsreich (Haupt- und Nebensätze).	☐
Ich habe die Langform der Verben verwendet.	☐
Ich habe einige *linking words* und *time words* verwendet.	☐
Mein Wortschatz ist abwechslungsreich.	☐
Ich habe meine Rechtschreibung überprüft.	☐
Ich habe meine Grammatik überprüft.	☐

Beispiel 3: Bewerbungsschreiben

Bewerbungsschreiben sind ein Spezialfall. Hier gibt es neben der angemessenen Anrede und Grußformel weitere Dinge zu beachten:

- Deine Bewerbung muss zum Arbeitgeber und zu der Position passen.
- Es muss deutlich werden, für welchen Job du dich bewirbst und wo du die Anzeige gesehen hast.
- Du musst schreiben, warum dich dieser Job reizt und welche Qualifikationen du dafür mitbringst.

Schritt 1: Fülle die blauen Lücken mit Wörtern aus dem Kasten und die grauen Lücken mit deinen eigenen Angaben.

apply • advert • forward • faithfully • contact • improve • included • experience • language • CV • references

Dear Sir or Madam

I read your ______ online / in a magazine / in a newspaper and I would like to ______ for the job of assistant to help in your cafe this summer.

I am in year 10 at the ______ in ______ and have been learning English for ______ years. A summer job in your cafe would give me the chance to ______ my English and to ______.

I already have some ______ because last year I ______.

My responsibilities ______ taking orders, ______ and ______.

I am honest and ______ and I like working with ______.

I speak ______ as my first ______, and I also speak ______ and ______.

I could start work in/on/at ______.

For ______, please ______ my school. Please find my ______ attached.

I look ______ to hearing from you soon.

Yours ______

______

Schritt 2: Notiere einige Redewendungen, die bei einer Bewerbung nützlich sein können:

Schritt 3: Brauchst du noch Übung mit typischem Wortschatz für Bewerbungsschreiben?
Ergänze diese Networks:

Tipp

Natürlich darfst du beim Üben und in der Prüfung auch Angaben über Berufserfahrung, Motivation, Kenntnisse etc. erfinden, sie sollten aber realistisch sein und müssen natürlich zum Job passen.

personal qualities
- *honest*
- *reliable*

work experience
- *assistant*

application words
- CV
- *advert*

Schritt 4: **Jetzt bist du dran!** Lies die Aufgabe und schreibe deine Bewerbung.

Write an email of application. Write about 160 words.

We have volunteer opportunities to suit everyone's skills.
It takes a lot of different characters to run a busy robot rescue centre! As a member of our team you will be expected to take part in all the daily tasks, which include:

- feeding robot babies
- cleaning out shelters and pools
- observing and counting robots
- showing school groups around

Please send your application to robot-rescuers@example.net

Tipp

Bewerbungsschreiben sind meist so aufgebaut:

Dear Sir or Madam · Dear Mr/Ms (+ name)

I read/saw your advert (+ where and/or when) and I would like to apply for the job of (+ which job?).

(Introduce yourself.)

(Say something about your experience and/or qualifications and your qualities as a person.)

(Say why you really want the job.)

(Say when you could start.)

(Give information about your references and CV.)

I look forward to hearing from you soon.

Yours faithfully/sincerely

(+ your name)

Schritt 5: Überprüfe jetzt deinen Text.
Dafür kannst du diese Checklisten verwenden.

Überprüfe die Länge, die Struktur und den Inhalt deines Schreibens:	
Mein Text hat die geforderte Länge (140 bis 200 Wörter).	☐
Ich habe eine passende Anrede geschrieben.	☐
Ich habe eine passende Grußformel geschrieben.	☐
Ich habe alle Vorgaben aus der Aufgabenstellung berücksichtigt.	☐
Ich habe geschrieben, wo ich die Anzeige gesehen habe und für welchen Job ich mich bewerbe.	☐
Ich habe gesagt, warum ich mich für den Job bewerbe (Motivation).	☐
Ich habe erwähnt, warum ich für den Job geeignet bin (Erfahrung, Qualifikation, Eigenschaften).	☐
Ich habe auf meinen Lebenslauf verwiesen.	☐

Überprüfe auch die Sprache deines Textes:	
Ich habe einige typische Redewendungen verwendet.	☐
Ich habe mein Anliegen höflich und sachlich formuliert.	☐
Mein Satzbau ist abwechslungsreich (Haupt- und Nebensätze).	☐
Ich habe einige *linking words* und *time words* verwendet.	☐
Mein Wortschatz ist abwechslungsreich.	☐
Ich habe meine Rechtschreibung überprüft.	☐
Ich habe meine Grammatik überprüft.	☐

Writing an article or a report

Hier schreibst du einen Artikel oder Bericht für eine Zeitung, Zeitschrift oder Website. Du bekommst eine Situation vorgegeben.

Tipp

Was ist bei Artikeln und Berichten zu beachten?

- Ähnlich wie beim Tagebucheintrag beschreibst du Ereignisse meist in der Vergangenheit. Du verwendest also weitgehend das *simple past*. Je nach Thema kannst du aber auch über Vorzeitiges berichten *(past perfect)*, allgemeine Beobachtungen machen *(simple present)* oder Prognosen für die Zukunft äußern *(future)*.
- Anders als beim Tagebuch geht es nicht um deine Meinung oder Gefühle, sondern der Ton muss sachlich-informativ sein.
- Was den Inhalt angeht, so kannst du die *wh*-Fragen abarbeiten: *What happened? When/Where/Why/How did it happen? Who was involved?*
- Denke daran, wo dein Artikel erscheint und wer ihn lesen wird: Blogeinträge sind meist locker und informell, Zeitungsartikel dagegen ernster und neutraler. Leute, die du kennst, sprichst du anders an als ein unbekanntes Publikum. Für Gleichaltrige schlägst du einen anderen Ton an als für Erwachsene.

So könnte die Prüfungsaufgabe lauten:

A group of students from your English partner school visited your class. Write a report for your school's website. Write about 160 words.

Schritt 1: Mache dir Notizen. So kannst du deine Ideen logisch entwickeln und vermeidest Wiederholungen.

Beantworte dazu die *wh*-Fragen stichwortartig auf Englisch.

What? ____________________

Who? ____________________

Where? ____________________

When? ____________________

Why? ____________________

How? ____________________

Tipp

Deine Klasse hatte noch nie Besuch von einer Partnerschule? Kein Problem: Hier ist bloß Fantasie gefragt. Du darfst alles frei erfinden.

Tipp

Beachte die Satzstellung im Englischen:

Subjekt	Verb	Objekt	Ort	Zeit
Ben	saw	an alien	in the garden	yesterday.

Die Ortsangabe kommt also in der Regel vor der Zeitangabe!

Schritt 2: Schreibe nun deinen Text. Verwende dabei deine Notizen und beachte die Hinweise in den Tipp-Kästen.

Schritt 3: Überprüfe jetzt deinen Text.
Dafür kannst du diese Checklisten verwenden.

Überprüfe die Länge, die Struktur und den Inhalt deines Artikels oder Berichts:	
Mein Artikel/Bericht hat die geforderte Länge (140 bis 200 Wörter).	
In meinem Artikel/Bericht werden die wichtigsten *wh*-Fragen beantwortet.	
Der Ablauf des geschilderten Ereignisses ist klar.	
Der Ton meines Artikels/Berichts ist sachlich-informativ.	
Der Stil meines Artikels/Berichts passt zum Leser und zum Medium (Blog, Zeitung etc.).	
Ich habe das Ereignis überwiegend in der Vergangenheit *(simple past)* erzählt.	

Überprüfe auch die Sprache deines Textes:	
Mein Satzbau ist abwechslungsreich (Nebensätze, Verneinungen).	
Meine Satzstellung folgt der Regel Subjekt-Verb-Objekt-Ort-Zeit.	
Ich habe einige *linking words* und *time words* verwendet.	
Ich habe einige aussagekräftige, beschreibende Adjektive verwendet.	
Ich habe meine Rechtschreibung überprüft.	
Ich habe meine Grammatik überprüft.	

Writing a blog

Ein Blog ist eine Art Tagebuch oder „Logbuch" im Internet. Je nach Thema (privat oder öffentlich) kannst du dich dabei an den Tipps für Tagebucheinträge (S. 52) oder für Artikel und Berichte (S. 66) orientieren. Die Prüfungsaufgabe könnte z. B. so aussehen:

> You are on a tour of Europe with a friend. Every few days you write a blog entry about your adventures. Now, on the evening before the last day of the journey, you write your final blog entry. Write about what you did today, your best experience(s) of the journey, what you have learned on the trip and your feelings about the last day.
>
> Your blog entry starts like this:
>
> Hi guys!
> This is my final blog – I can't really believe it! We've had another great day today ...
>
> Continue the blog. Write about 160 words.

Schritt 1: Mache dir Notizen, z. B. in einer Tabelle oder in einem Network. Die Prüfungsaufgabe gibt dir hier bereits eine gewisse Struktur vor:

Schritt 2: Schreibe nun deinen Text – für jedes angesprochene Thema einen Absatz.

Tipp

In Blogs verwendet man oft eine emotionale, subjektive Sprache, z. B. wenn man beschreibt, was einem gefallen oder gar nicht gefallen hat. Dafür ist es gut, wenn du viele verschiedene aussagekräftige Adjektive kennst. Sammele Alternativen für *nice* und *not nice*.

- statt: *Rome was nice.: Rome was fantastic, special, ...*
- statt: *Rome wasn't nice.: Rome was disappointing, awful, ...*

Tipp

In einem Blog hast du mehr sprachliche Freiheiten, z.B. sind in einem Blog auch (gekonnt eingesetzte) unvollständige Sätze erlaubt, z.B.

There were many young people, and there was such great music!

→ *So many young people, and such great music!*

Schritt 3: Überprüfe jetzt deinen Text. Dabei kannst du dich an den Checklisten für Tagebucheinträge (S. 54) und Artikel bzw. Berichte (S. 67) orientieren.

Teil E: *Interpreting* (Sprachmittlung)

1. Ablauf und Bewertung

Prüfungsteil **E** *(Interpreting)* ist der letzte Teil der schriftlichen Prüfung, für die du insgesamt 120 Minuten Zeit hast. Plane für jeden Prüfungsteil genügend Zeit ein und bedenke, dass du am Ende auch noch Zeit zum Korrekturlesen benötigst.

Bei der Sprachmittlung sollst du wesentliche Informationen aus der einen Sprache in die andere übertragen, z. B.:

- Fragen zu einem englischen Text auf Deutsch beantworten
- Fragen zu einem deutschen Text auf Englisch beantworten
- deutschsprachige Inhalte auf Englisch wiedergeben
- englischsprachige Inhalte auf Deutsch wiedergeben

Hierbei geht es nicht um eine Wort-für-Wort-Übersetzung, sondern um die sinngemäße und verständliche Übertragung der Kernaussagen. Dabei muss die Sprache auch zur Situation passen, sonst verlierst du Punkte.

Punktabzug gibt es auch bei Verstößen gegen die sprachliche Korrektheit (Grammatik). Rechtschreibfehler im Englischen führen zum Verlust von Punkten, wenn man nicht mehr verstehen kann, was du geschrieben hast. Fehler in der deutschen Rechtschreibung werden dagegen nicht bewertet.

> **Tipp**
>
> Deine Lösungen notierst du wieder auf dem Papier, das du bekommst.
>
> Achte darauf, deine Lösungen so zu notieren, dass man sie klar zu den Aufgaben zuordnen kann (Nummerierung, z. B. Teil E, Part 1: ...).

Wie bei den Prüfungsteilen **B** bis **D** darfst du auch bei Teil **E** ein zweisprachiges Wörterbuch verwenden.

2. Aufgabenformate in Baden-Württemberg

In diesem Kapitel lernst du beispielhaft die wichtigsten Aufgabenformate kennen, die dir beim Realschulabschluss in Baden-Württemberg im Bereich Sprachmittlung begegnen können.

Die Tipp-Kästen enthalten nützliche Strategien, wie du mit häufigen Schwierigkeiten umgehen kannst.

Fragen beantworten

Du liest einen Text auf Deutsch oder Englisch. Anschließend beantwortest du stichwortartig Fragen zum Text in der jeweils anderen Sprache:

- englischer Text → Fragen und Lösungen auf Deutsch
- deutscher Text → Fragen und Lösungen auf Englisch

Die Fragen werden in der Regel in der Reihenfolge des Textes gestellt. Wichtig bei solchen Aufgaben ist, dass du die wichtigen Informationen nicht wortwörtlich aus dem Text übersetzt, sondern sinngemäß wiedergibst.

> **Tipp**
>
> Lies zuerst die Fragen. Markiere dann beim ersten Lesen des Textes die Passagen, die für die Beantwortung der Fragen wichtig sind!

Beachte, dass du bei manchen Fragen auch zwei oder mehr Informationen wiedergeben musst – für solche Fragen erhältst du dann auch zwei oder mehr Punkte. Es empfiehlt sich, erst die Fragen zu lesen, dann den Text. So weißt du von Anfang an, worauf du achten musst.

Fragen zu einem englischen Text auf Deutsch beantworten

You found an article in a travel guide about a very special tourist attraction in London.
Answer the questions in German. You don't need to write complete sentences.

The Mousetrap

Most plays and shows run for a few weeks, some for a few months. But when *The Mousetrap*, a murder mystery play by the famous English writer Agatha Christie, was put on stage for the 25,000th time in 2012, it had already been running for 60 years. And the play is still performed today, six days a week, with two shows on Tuesdays and Saturdays, making it the longest-running play in the world.

What's more, if you try to book, you may well find that you can't, because tickets have already sold out. For the fact is that this play has become a London attraction in its own right, just as much as watching the changing of the guards outside Buckingham Palace.

Agatha Christie actually wrote *The Mousetrap* as a radio play in 1947. But when it was first performed on stage, the theatre critics in many newspapers were not impressed. Agatha Christie herself predicted that it would run for a maximum of eight months. But the theatregoers proved them all wrong.

Of course, the actors in the play have changed over the years. One estimate is that more than 400 different actors have acted in *The Mousetrap* over the years. One actress, Natasha Rickman, actually played the very same role that her mother had played many years before – the part of Miss Casewell. Another actor, David Raven, is in the *Guinness Book of Records* as the longest performing actor ever – he played the role of Major Metcalf in 4,575 shows.

Of course, being a murder mystery, everybody wants to know who commits the crime: that, after all, is the point of the play. So given that over eleven million people have watched the play, you might think the surprise ending would by now be widely known. But at the end of every show, the members of the audience are asked not to reveal the secret or to share it on social media. And the impressive thing is that, by and large, the secret has been kept. Agatha Christie herself helped to keep the secret by making sure that the play has not been published as a book in the UK, and the play has never been made into a film.

a) In welcher Hinsicht hat *The Mousetrap* Rekorde aufgestellt? (2 Angaben)

____

____

____

Tipp

Verlangt eine Frage zwei oder mehr Angaben, wie hier in **a)** und **e)**, so können sich die Angaben auch an verschiedenen Stellen des Textes befinden.

b) Was war das Besondere, als Natasha Rickman eine Rolle übernahm?

____

____

Tipp

Konzentriere dich auf das Wesentliche, z. B. in **a)** und **b)**: Die Namen der Charaktere und die genauen Zahlen sind Details, die du nicht wiedergeben musst.

c) Wie unterschied sich die Reaktion des Publikums von der Reaktion der Theaterkritiker?

____

d) Welche Erwartungen hatte Agatha Christie selbst an das Stück?

____

e) Wie wurde es erreicht, dass die Auflösung des Verbrechens bis heute nicht verraten wird? (3 Angaben)

____

____

Fragen zu einem deutschen Text auf Englisch beantworten

You have found information about work experience in a theatre on the internet.
Answer the questions in English. You don't need to write complete sentences.

www.berufimfokus.de/gerald-theater

Praktikum am Gerald Theater

Das Gerald Theater bietet Praktika mit vielfältigen Tätigkeiten, die einen umfassenden Blick in die Welt des Theaters vermitteln. Wir sind ständig auf der Suche nach angehenden Schauspielern oder Schauspielerinnen sowie engagierten Mitarbeitern für die Ton- und Beleuchtungstechnik. Als Praktikant hilfst du außerdem bei der Vorbereitung von Kostümen, in der Schneiderei sowie im Marketing und Kartenvertrieb mit und bedienst auch im Café.

Wir sind ein engagiertes, erfahrenes Team und du erhältst bei uns fundierte Einblicke in den künstlerischen Entstehungsprozess einer Inszenierung. Theatererfahrung ist kein Muss! Vielmehr interessiert uns deine Kreativität, Flexibilität und natürlich deine Leidenschaft für Schauspiel und Theater. Wir erwarten eine selbstständige Arbeitsweise und die Bereitschaft zu unregelmäßigen Arbeitszeiten. Arbeit am Wochenende und am Abend kann verlangt werden, aber ein Maximum von 35 Stunden in der Woche wird nicht überschritten.

Ein Gehalt können wir dir leider nicht zahlen, aber du wirst dafür intensiv und konstruktiv betreut und bekommst die einmalige Gelegenheit, eng mit professionellen Schauspielern und Schauspielerinnen zusammenzuarbeiten. Außerdem erhältst du Freikarten für alle Produktionen im Gerald Theater.

Grundsätzlich müssen Praktikanten im Gerald Theater mindestens 15 Jahre alt sein. Praktika sind normalerweise zwei Wochen lang, können jedoch nach Absprache auf maximal zwei Monate verlängert werden.

Bitte teile uns mit, wann du anfangen möchtest, und schicke deine aussagekräftige Bewerbung per E-Mail an:
gerald-theater@berufimfokus.de

a) I'm no good at acting. What other jobs can I do there? (3 items)

____

____

____

Tipp

Du weißt nicht, was „Mitarbeiter für die Ton- und Beleuchtungstechnik" auf Englisch heißt? Keine Panik. Du musst das nur sinngemäß wiedergeben, und dafür reicht dein Wortschatz:
help with __________ *and* __________.

b) Applicants should be creative and flexible. What other qualities should they bring? (2 items)

Tipp

Einige Fragen verlangen mehr als eine Angabe, z. B. drei bzw. zwei Angaben in **a)** und **b)**. In beiden Fällen enthält der Text mehr als diese Anzahl an Angaben und du kannst die auswählen, die du am besten wiedergeben kannst. Achte aber darauf, dass du unterschiedliche inhaltliche Aspekte nennst und nicht zwei- oder dreimal dasselbe in anderen Worten.

c) For how long can you do work experience at the theatre?

d) What are the working hours? (3 items)

e) How much do you earn?

Inhalte wiedergeben

Eine Situation wird beschrieben, in der du englischsprachige Informationen auf Deutsch oder deutschsprachige Informationen auf Englisch weitergeben sollst, z. B. in einem Dialog oder in einer E-Mail. Hier wirst du nicht durch Fragen geleitet, sondern du musst selbst entscheiden, welche Informationen für den anderen wichtig und interessant sein könnten.

Deutsche Informationen auf Englisch wiedergeben

Archie from Ireland is going to join your class soon. He wanted to know about the local youth club, so you went there to get some information. Write Archie an email about some important aspects.

Dear Archie
My English teacher asked me to give you some information about our youth club. So I went there and talked to the manager. This is what she said:
...
I'm really looking forward to meeting you soon.
Yours
...

Complete the email and inform Archie about the youth club.

a) Hier können Jugendliche von 12 bis 18 Jahren hinkommen. Man kann hier zusammen spielen, quatschen, seine Freunde treffen oder einfach nur entspannen. Aber es gibt auch spezielle Angebote.

Tipp

Es geht hier nicht um eine Wort-für-Wort-Übersetzung, sondern um das, was für Archie wichtig sein könnte. Der letzte Satz in **a)** ist z. B. nicht so spannend. Stattdessen könntest du einfach direkt mit den speziellen Angeboten starten.

b) Wir bieten Deutschkurse für Anfänger und Fortgeschrittene an und wir vermitteln auch Sprachpartner, damit ihr im Tandem gegenseitig eure Sprache lernen könnt. Für Englisch-Deutsch gibt es immer viele Interessenten.

Tipp

Was tun, falls du die englischen Begriffe für „Anfänger" und „Fortgeschrittene" in **b)** nicht kennst? Umschreibungen mit *who/which* sind sehr nützlich, z. B. *people who don't speak German* und *people who speak some German.*
Vielleicht kannst du aber auch von „verschiedenen Niveaus" sprechen oder die beiden Wörter einfach weglassen, da es fast schon selbstverständlich ist.

c) Wir haben vielfältige Freizeitangebote, z. B. kann man bei uns Tischtennis, Billard oder Kicker spielen. Am Wochenende veranstalten wir manchmal auch Turniere. Wir haben aber auch ganz viele Bücher, Gesellschaftsspiele und Materialien, um kreativ zu werden.

Tipp

Achtung, Perspektivwechsel in **b)** – **e)**:
Aus dem Pronomen „wir" wird in deiner Mail an Archie *they* oder *the youth club!*

Tipp

„vielfältige Freizeitangebote" in **c)** ist schwierig. Aber du brauchst die Wörter nicht unbedingt, um die wesentlichen Informationen wiederzugeben. Wichtiger für Archie sind die konkreten Aktivitäten Tischtennis, Billard, Kicker etc. Wenn du die Wörter nicht kennst oder nicht umschreiben kannst, kannst du sie auch im Wörterbuch nachschlagen.

d) Und dann bieten wir noch einige Workshops an. Zum Beispiel kann man lernen, wie man Fahrräder repariert. Und es gibt auch einen Kochkurs. Wir freuen uns immer, wenn neue Mitglieder Ideen haben oder selbst einen Workshop anbieten wollen. Frag doch mal deinen neuen Klassenkameraden danach.

Tipp

Die Jugendclub-Leiterin sagt: „Frag doch mal deinen neuen Klassenkameraden danach."
Das wird in deiner Mail an Archie eine direkte oder indirekte Frage:

direkt: *Do you have any ideas ...?*
indirekt: *The manager would like to know if you have any ideas ...*

e) Wir haben an Schultagen ab 14 Uhr und bis 20 Uhr geöffnet, am Wochenende und in den Ferien auch ganztags.

Tipp

In **e)** wird von dir erwartet, dass du weißt, wie man Zeitangaben auf Englisch üblicherweise wiedergibt. Wie drückt man „14 Uhr" auf Englisch aus? Kreuze an:

☐ 2 am ☐ 2 pm

Falls du hier unsicher bist, wiederhole die englischen Zeitangaben, z. B. mithilfe der Übersicht auf S. 23.

a) ______________________

____

____

____

____

b) ______________________

____

____

____

c) ______________________________

____

____

d) ______________________________

____

____

e) ______________________________

____

Englische Informationen auf Deutsch wiedergeben

You moved to Manchester with your family recently. Your little brother would like to play the trumpet in a youth orchestra, but his English isn't very good yet. You found some information on the internet.

Tell your brother the most important aspects from paragraphs A to D.

www.example.net/manchester/youth/orchestras

Six Youth Orchestras in Manchester!

A The Manchester Youth Orchestras are open to all young musicians and cater for all levels of experience. We have six different orchestras, meaning that players of all abilities have a great opportunity to make music with people who are of much the same ability as they are.

B Our orchestras meet on Saturday mornings from 10 am to 12.30 and additionally on three days of the week in the school holidays at Easter, in summer and at Christmas. We are fortunate to be able to make use of great facilities at the University of Manchester.

C The sessions cost £50 per day (or £45 per day for early applications). However, we are keen to make music possible for as many young musicians as possible and therefore offer some assistance with course fees to families facing financial difficulties. Please apply for this help in the appropriate section of the application form.

D To apply, simply download and complete our application form. Applications are dealt with on a first-come, first-served basis, so do apply as early as possible.

a) ______________________

____

____

____

____

Tipp

a) Hier ist keine Wort-für-Wort-Übersetzung nötig. Das, was für deinen Bruder wichtig ist, kannst du in einem Satz sagen.

b) ______________________

____

____

____

____

Tipp

b) Hier geht es um Details, nämlich ganz konkret um Zeit und Ort.

c) ______________________

____

____

____

____

Tipp

c) Auch hier geht es um eine ganz konkrete Angabe, nämlich die Kosten. Die im Absatz enthaltene Zusatzinformation kannst du stark verkürzt wiedergeben.

d) ______________________

____

____

____

____

Tipp

d) Hier sind zwei Aspekte für deinen Bruder relevant, nämlich wie man sich bewirbt und dass man sich zeitig bewerben sollte, damit man einen Platz bekommt.

Prüfungsvorbereitung

- **Beginne rechtzeitig mit dem Lernen und mache dir einen Lernplan,** bei dem du auch Wiederholungsphasen einplanst. Starte mit Aufgaben, die dir im Unterricht noch schwerfallen. Hake ab, was du bereits erledigt hast.
- **Überlege dir, wo du im Englischen noch grundsätzliche Probleme oder Lücken hast** (z. B. Grammatikprobleme, die immer wieder auftreten). Diese Themen kannst du dann mit den interaktiven Übungen auf www.scook.de gezielt noch einmal wiederholen.
- **Mache dich mit dem Ablauf der Prüfung und mit allen Aufgabenformaten vertraut.** Plane im Vorfeld, wie viel Zeit du für jeden Prüfungsteil und für die Kontrolle zur Verfügung hast.
- **Schreibe dir auf, wann und wo die Prüfung stattfindet,** und plane etwas mehr Zeit für den Weg ein als sonst.
- **Lege alle Materialien am Vorabend der Prüfung bereit** (z. B. funktionstüchtige Stifte, Uhr; Smartphones sind nicht erlaubt!).
- **Achte auf ausreichend Schlaf und ein gutes Frühstück.** Wenn du dich gut vorbereitet hast, kannst du selbstbewusst in die Prüfung gehen!

Während der Prüfung

- **Behalte die Zeit im Blick!** Am besten legst du während der Prüfung eine Uhr auf den Tisch und schaust von Zeit zu Zeit darauf. Wenn du an einer Aufgabe festhängst, gehe lieber erstmal zur nächsten Frage weiter. Nimm dir am Ende einige Minuten Zeit, um deine Antworten noch einmal durchzugehen.
- **Lies die Aufgabenstellung gründlich durch,** bevor du mit der Bearbeitung beginnst. Manchmal enthält eine Aufgabe mehrere Teilaspekte. Markiere sie und übersetze sie dir zur Sicherheit in deine Muttersprache.
- **Nutze deine Chance!** Auch wenn du unsicher bist, ob die Lösung stimmt, so ist es ratsam, die Aufgabe trotzdem zu bearbeiten. So hast du zumindest eine Chance, dass es richtig ist. Kreuzt du keine Lösung an oder schreibst du keine Lösung auf, so bekommst du auf jeden Fall null Punkte. Kreuzt du aber mehr Lösungen an als gefordert, so verlierst du ebenfalls Punkte.
- **Mache dir bei Schreibaufgaben Notizen, wenn du gut in der Zeit liegst.** Sie können dir helfen, deine Gedanken zu ordnen und deinen Text sinnvoll zu strukturieren. Beachte aber, dass nur dein endgültiger Text in die Bewertung eingeht.
- **Gib deinen Texten eine gute Struktur mit Einleitung, Mittelteil und Schluss.** Beginne jeden neuen Textteil mit einem neuen Absatz. Halte dich an die geforderte Textlänge.
- **Formuliere klare Sätze.** Vermeide es, komplizierte deutsche Sätze wortwörtlich ins Englische zu übersetzen. Formuliere möglichst mit deinen eigenen Worten.
- **Kontrolliere am Ende,** was du geschrieben hast. Achte besonders auf Vollständigkeit, die Rechtschreibung, die Zeitformen deiner Verben und den Satzbau.

Wir wünschen dir viel Erfolg für deine Prüfung!

ABSCHLUSS-PRÜFUNGS-TRAINER

Realschulabschluss
Baden-Württemberg

Musterprüfungen

Musterprüfung 1

Bearbeitungszeit:

Teil A: 30 Minuten

Teile B bis E: 120 Minuten

A – Listening comprehension 20

Part 1: Bob Marley ____/ 5

8

You will hear a radio interview with Reggae expert Gwen Devlin about the Jamaican singer Bob Marley. You will hear the interview twice.

Take notes to fill in the table.

Bob Marley		
a) born in (country, year)		
b) two problems Bob had to face as a child		
c) role of Trenchtown in Bob Marley's life		
d) name of his first band		
e) name of a famous song		

Part 2: Places in Shakespeare's life

____ / 5

9

You will hear a presentation about the English poet William Shakespeare. You will hear the presentation twice. What were these places in his life? Write the correct place name (Henley Street, Town Hall, Globe, London) next to the explanation.

Be careful: One explanation doesn't fit. Mark this explanation with a cross.

a)		the place where most of Shakespeare's plays were performed
b)		the place where Shakespeare was most famous
c)		Shakespeare's birthplace
d)		the place where Shakespeare spent most of his adult years
e)		the place where Shakespeare got his early education

Part 3: Cricket in India

____ / 5

10

You will hear a radio interview about cricket in India. You will hear the interview twice. One ending to each of the following sentences is correct. Tick the correct ending to finish the sentences.

a) Aarav Malhotra is asking the interviewer which two sports ...

A ☐ have the most players in the world.

B ☐ have the highest number of fans in the world.

C ☐ are played in the most countries in the world.

b) The number of countries in the Cricket World Cup ...

A ☐ fell between 2007 and 2015.

B ☐ has risen with every tournament.

C ☐ is bigger than the number of countries participating in the Basketball World Cup.

c) India ...

A ☐ has won the Cricket World Cup more often than any other country.

B ☐ is more successful than Australia in world cricket.

C ☐ is almost as successful as Australia in world cricket.

d) The cricket players who earn the most money ...

A ☐ are Indian and play in India.

B ☐ are Europeans who play in India.

C ☐ are Indian, but now play for other countries.

e) According to Aarav, people in other countries think that cricket ...

A ☐ brings lots of money.

B ☐ has too many rules.

C ☐ isn't very modern.

Part 4: A mailbox message ____/ 5

11

You will hear a mailbox message. You will hear the message twice. Decide whether the following statements are **true** or **false**.

		T	F
a)	Megan was planning to be at the party at 7 pm.	☐	☐
b)	In Station Road, Megan got involved in an accident.	☐	☐
c)	The bus driver was very impatient with Megan.	☐	☐
d)	Some pedestrians helped Megan to get her bike off the pavement.	☐	☐
e)	Megan fixed her bike and went home.	☐	☐

B – Text-based tasks

25

High-rise living in Britain

High-rise apartment blocks have long had a bad press in Britain. People think of the tower blocks that were built in the 1960s for people in lower-paid jobs. The flats were small, the entrances dark and full of litter and graffiti. The lifts kept breaking down. That was no joke if you lived on the 10th floor and arrived home with your week's shopping or a child in a wheelchair. Most people only lived in such buildings if they had no alternative.

Of course, the tower blocks have always had their fans, above all because of the amazing views from the higher flats. The residents of tower blocks also often say that they feel safer than in a house. After all, nobody can climb through the window of a flat on the 16th floor. And the flats are largely free from mice, ants and spiders.

The voices in favour of tower blocks were long in the minority. But not any more. Look at the skyline of most British cities today and you'll see apartment blocks going up all around you. One reason for this is that land is becoming more and more expensive, so houses are becoming unaffordable. Building taller, it seems, is the only way of building cheaper homes. Some of these modern flats are built as 'pods' – that is to say, each flat is built as a self-contained unit, with bathrooms and kitchen equipped to a high standard, and the pods are then placed one on top of the other. This is often less costly than traditional building techniques, and customers can make their choice of equipment as they would do if they were buying a car.

It is true that families with children still usually prefer to live in a house with a front door, a back door and a garden. But these days there are more childless couples and people who live on their own. They often get home from work late and don't want the bother of garden work. Instead, they prefer to have a few plants on an easily-managed balcony. This explains why the apartments going up today are built to attract people on good incomes. The flats are large and airy. CCTV cameras keep the entrances safe, and companies are employed to clean the corridors and maintain the lifts.

Tower blocks in London

What's more, a recent report has challenged the widely-held view that high-rise blocks offer a less healthy environment. Experts from the University of Bern in Switzerland found that people who live on the 8th floor or above are likely to live longer than those on the lower floors: they are 40% less likely to die of lung disease, and 35% less likely to die from heart disease. That's because walking up more stairs keeps people fitter. There is also less air pollution and traffic noise on the higher floors.

The British population is expected to grow from about 65 million in 2016 to 75 million by 2040. So there will be a need for millions of new homes. If we want to protect our countryside, we will have to build them in our cities. But land in cities is costly, too costly for millions of new houses. It is clear, then, that more people will have to live in flats. The apartment blocks being built today are here to stay.

Part 1 ____ / 6

Match the headings with the parts of the text. There are two more headings than you need.
Example: i) – G)

a) People with no children
b) Less danger
c) Better quality in other countries
d) Eco-friendly
e) In the past
f) New ways of building
g) Sense of community
h) Health benefits

A) lines 1–10
B) lines 11–18
C) lines 19–34
D) lines 35–47
E) lines 48–58
F) lines 59–67

Part 2 ____ / 3

Decide whether the following statements are **true**, **false** or **not in the text**.
Example: g) – not in the text

a) The 1960s tower blocks in Britain have mostly been knocked down.
b) One advantage of flats is that they attract fewer harmful animals than houses.
c) Flats used to be popular, but nowadays most people want to live in houses.
d) Pods are cheap, but their kitchens and bathrooms are very bad quality.
e) Today fewer people want to do garden work.
f) The housing problem will disappear because fewer people will live in Britain in the future.

Part 3 ____ / 5

Finish the sentences using the information from the text. Example: f) – E

a) The flats in 1960s tower blocks ...
- A ☐ were ideal for disabled people because they had lifts.
- B ☐ were often in poor condition.
- C ☐ were popular among people with low incomes.
- D ☐ are well-loved today.

b) Today, flats in modern tower blocks attract people in better-paid jobs because ...
- A ☐ they are built as 'pods'.
- B ☐ they offer more luxuries than single-family homes.
- C ☐ tall buildings make the skyline more exciting.
- D ☐ they are easier to take care of.

c) Flats that are built as 'pods' ...

A ☐ usually have two levels.

B ☐ give customers little choice about the equipment.

C ☐ are often cheaper to build than other flats.

D ☐ are all identical inside.

d) According to a recent study, living on higher floors in apartment blocks ...

A ☐ may help against some common illnesses.

B ☐ is unhealthy because you can't open the windows.

C ☐ leads to heart attacks because you have to climb so many stairs.

D ☐ could add to stress because of the traffic noise.

e) The writer argues that more people will have to live in flats in the future because ...

A ☐ fewer people want to live in the countryside.

B ☐ building plots are becoming more expensive.

C ☐ living in a flat is healthier than living in a house.

D ☐ high-rise buildings are better for an aging population.

Part 4 ____ / 3

Find **three** reasons why new high-rise apartment blocks are being built in Britain today. Use the information from the text. Take notes.

Part 5 ____ / 8

Answer the questions in complete sentences by using information from the text.

a) Why were tower block flats always popular with some people?

b) How do we know that the general opinion about flats has changed?

c) In what way are modern flats in Britain different from those of the 1960s?

d) What is the link between high-rise living and good health?

C – Use of language 23

Part 1 ____ / 3

Find words or expressions in the text which mean more or less the same.

a) rubbish (lines 1–10) ______________
b) expensive (lines 19–34) ______________
c) to give work to somebody (lines 35–47) ______________

Part 2 ____ / 3

Find the opposites.

a) minority (line 20) ______________
b) true (line 35) ______________
c) to grow (line 59) ______________

Part 3 ____ / 4

Choose **two** of the following words and give a definition.

a) resident (line 13) ______________
b) skyline (line 21) ______________
c) to maintain (line 47) ______________

Part 4 ____ / 6

Vocabulary – Grammar: Complete the text by using suitable forms of the words. Find words of your own to replace the question marks.

Look down a typical street in a typical British town and chances are that	
you will see a number of signs ______________ that a house	a) show
is ________ sale. Most Britons, it seems, dream of ______________ a	b) ? c) buy
house. It might be small, it will probably have no cellar, and the rooms will	
be ______________ cold in winter, but at least there will be a garden that	d) bitter
the ______________ can play in.	e) child
But now things __________________________ . Houses have become too	f) change
expensive for many young people, and they are forced ______________ a	g) rent
house or flat instead. But ______________ a flat isn't easy, especially in	h) find
larger cities where too many people are chasing too few flats.	

Some people say ____________ immigration is responsible for the housing crisis. According to others, the problem is that the country ____________ enough houses during the last few years.	i) ? j) not build
The result is that young people now have to spend a ____________ part	k) large
of ____________ income on housing than older generations.	l) there/they're/their

Part 5 ____ / 3

You are talking to Alime. She has just returned from a summer camp where she worked as a volunteer. Ask her **three** questions about the summer camp.

Use different question forms or different tenses.

____

____

____

Part 6 ____ / 4

Paraphrasing

Complete the second sentence so that it means the same as the first sentence. Use between two and five words including the word in brackets.

Example:

Research shows that the aim of most adults in Britain is to get a job. **(want)**

Research shows that most adults in Britain *want to get* a job.

a) Of course, not everyone is able to gain employment. **(succeeds)**

Of course, not everyone ____________________ employment.

b) But most people understand the advantages of being in work. **(by)**

But the advantages of being in work ____________________ most people.

c) Employment not only provides an income, but also a greater sense of self-value. **(as)**

Employment provides an income ____________________ a greater sense of self-value.

d) And most people want to leave the house. They don't want to stay at home all day. **(instead)**

And most people want to leave the house ____________________ at home all day.

D – Creative writing 27

Part 1 ____/ 9

Write a comment.

Choose **one** of the following statements. Discuss the pros and cons and give your own opinion. Write about 100 words.

A: Short-distance flights should be banned.

B: Camping is the best sort of holiday.

C: Life in the country is better than life in towns and cities.

Part 2 ____/ 18

Choose task A **or** task B. You only have to do **one** of the following tasks.

Task A

You want to spend part of the summer in London and you have found a Day Centre for old people that requires assistant helpers. The work involves serving tea and snacks, chatting with the old people, and helping them with their shopping.

Write a letter of application to the Day Centre. Include the following aspects:

- your reasons for applying
- valuable experience from previous jobs
- personal qualifications and qualities
- questions about the work.

Write about 160 words.

Task B

Write a story of about 160 words. Use the following beginning:

Last night I was walking down a dark street in town. Suddenly ...

E – Interpreting

15

Part 1

___ / 6

Your English friend Ronan is interested in doing a two-week internship in Germany.

She has found an offer on the internet and asked you to help her understand the programme. Answer her questions in English. You don't need to write complete sentences.

www.berufimfokus.de/oeko-hof

Arbeit auf einem ökologisch bewirtschafteten Bauernhof

Interessierst du dich für die Tierpflege und für die Arbeit auf dem Land?

Wir suchen dringend Hilfe auf unserem kleinen Bauernhof zwischen Celle und Wolfsburg. Auf einer überschaubaren Fläche von zwei Hektar (20.000 m²) züchten wir ca. 200 Hühner, 10 bis 15 Ziegen sowie Honigbienen. Wir produzieren unseren eigenen biologischen Honig und Ziegenkäse und verkaufen ca. 4.000 Bioeier im Monat.

Während eines zweiwöchigen Praktikums bei uns kannst du dich an der Tierpflege beteiligen sowie bei der Hofarbeit anpacken. Dazu gehören neben der normalen Gartenarbeit (Hecken schneiden, Pflanzen und Bäume gießen, Müll entsorgen) auch leichte Bauarbeiten (z.B. Zäune und Hütten reparieren). An Wochenenden darfst du uns auf regionale Wochenmärkte begleiten, um dort unsere Ware zu verkaufen. Somit erhältst du einen echten Einblick in das Leben von Kleinbauern und in die Realität der heutigen ökologischen Landwirtschaft.

Das Praktikum wird nicht vergütet. Dafür bieten wir dir eine komfortable Unterkunft an, entweder in einem unserer Gästezimmer oder in einem beheizten Wohnwagen. Beide Wohngelegenheiten sind mit guten Betten, sauberer Bettwäsche, Badezimmer mit Toilette, Dusche und Handtüchern komplett ausgestattet. Dazu bereiten wir jeden Tag zwei warme Mahlzeiten vor (ausschließlich Bio-Zutaten) und stellen Pausenbrote und Getränke zur Verfügung. Gelegentlich veranstalten wir auch gemeinsame Backrunden, um unsere eigenen biologischen Produkte zu verarbeiten und zu genießen!
Waschmaschine, kostenfreies W-LAN / Internetzugang vorhanden.

Interessenten müssen mindestens 16 Jahre alt sein. Bitte schick deine Bewerbung per E-Mail an oeko-hof@berufimfokus.de.

Wir freuen uns auf deine Anfrage und antworten schnellstmöglich.

a) What does the farm specialize in? (1)

b) What would my tasks be? (2 items) (2)

c) I understand that there is no pay. What about accommodation? (2 items) (2)

d) How can I apply? (1)

Part 2

____ / 9

You are in Florida with your parents. A tourist guide at the entrance of the Everglades National Park is giving you information about the Everglades. Tell your parents some important aspects – in German.

a) Well, you probably know that the Everglades are famous for their wildlife. So there are special airboat tours that allow you to come face to face with alligators, snakes and turtles. And in the visitor centres you can learn about how the alligators' environment is endangered. (2)

b) In fact, the Everglades are facing huge environmental problems. Many of our lakes and rivers are polluted by dirty waste water from Miami. And pets have become a danger to the original wildlife. (1,5)

c) But the biggest headache of all is that the wetlands are drying out. This is partly because, in the 1960s, the slow-flowing Kissimmee River was replaced by a canal that takes the water away too quickly. (2)

d) And what makes it worse is that Highway 41 cuts through 275 miles of the Everglades on a wall of earth. This prevents water from flowing into the southern part of the Everglades. (2)

e) So now parts of the canal are being filled in. And a stretch of the highway is being put on a bridge. So tell your parents to expect some construction works on your way through the Everglades. (1,5)

Musterprüfung 2

Bearbeitungszeit:

Teil A: 30 Minuten

Teile B bis E: 120 Minuten

A – Listening comprehension 20

Part 1: St. Kilda ____/ 6

12

You will hear part of a podcast about a very special group of islands in Britain. You will hear the podcast twice. What do the numbers refer to? Write the correct numbers (37; 100; 1930; 4,000; 1,000,000) next to each piece of information from the podcast.

Be careful: One piece of information doesn't fit. Mark it with a cross.

a)		inhabitants left on St. Kilda
b)		seabirds
c)		miles off the Scottish coast
d)		sheep and mice
e)		St. Kildans give up life on the islands
f)		years of human history on St. Kilda

Part 2: Three tourist attractions in Brighton ____ / 6

13

You will hear three reporters talking about tourist attractions in Brighton. You will hear the recording twice. Take notes to complete the cluster by adding missing facts.

Tourist attractions in Brighton

The British Airways i360

a) *opened in 2016*

b) ____________________

c) ____________________

The Royal Pavilion

d) *has five onion-shaped domes*

e) ____________________

f) ____________________

The Sewers

g) *tunnels for waste water*

h) ____________________

i) ____________________

The British Airways i360

Part 3: Bo-Kaap – a special district in Cape Town (Part 1) ____ / 4

14

You will hear a tourist guide giving a tour of the Bo-Kaap district in Cape Town, South Africa. You will hear the recording twice. Decide whether the following statements are **true** or **false**.

		T	F
a)	The mosque was built at the end of the 18th century.	☐	☐
b)	Back then, Cape Town was governed by Muslims from south-east Asia.	☐	☐
c)	The workers brought to Cape Town were mainly from other parts of Africa.	☐	☐
d)	South Africa has had a significant Asian minority for generations.	☐	☐

Part 4: Bo-Kaap – a special district in Cape Town (Part 2) ____ / 4

15

You will hear more about the Bo-Kaap district in Cape Town. You will hear the recording twice. One ending to each of the following sentences is correct. Tick the correct ending to finish the sentences.

a) The first Asian workers in Cape Town ...

A ☐ worked in sugar fields and coal mines.
B ☐ lived behind the museum.
C ☐ settled in the neighbourhood around the mosque.

b) The Bo-Kaap museum ...

A ☐ used to be a residential building for workers from Asia.
B ☐ gives visitors information about life in Asia in the 19th century.
C ☐ was built in the late 19th century.

c) More and more people want to live in Bo-Kaap today ...

A ☐ because the neighbours all get along so well.
B ☐ because they are interested in its ethnic mix.
C ☐ because they appreciate its architecture and atmosphere.

d) The changes in Wale Street are an example of how ...

A ☐ everybody in South Africa is now sharing the same culture.
B ☐ South Africa has developed since apartheid came to an end.
C ☐ multiculturalism has been struggling since the end of apartheid.

B – Text-based tasks 25

Life in South Africa today

Society is constantly changing in every country in the world, but few countries have changed as radically as South Africa since the country's first free elections in 1994. Before that, everything in your life depended on the colour of your skin. Under a system called apartheid, black and white people lived in different zones, went to different schools, had different jobs, and relaxed on different beaches. They even had to use different public toilets. Black people could not vote, and marriages between black and white people were forbidden. This system led to street protests by the black population, which were put down violently by the forces of the white government. Many unarmed protesters were killed, many more were locked up in prison.

The election of Nelson Mandela, South Africa's first black president, in 1994 changed all that. Apartheid was abolished. Diversity and multiculturalism are now celebrated. All South Africans – black, white and Asian – now enjoy equal rights. The country has eleven official languages: English, Afrikaans (a language that derives from Dutch) and nine African languages, including Zulu, the first language of over 20% of South Africans. The result is that local communities can now send their children to schools which teach in their own language. English is a minority language in terms of first language, but it's the language of trade and the media, and the language that allows people of different ethnic groups to communicate. It is this wide range of cultures, languages and ethnic backgrounds that has earned South Africa the nickname of the Rainbow Nation.

However, improvements are coming too slowly for many black South Africans who were born after 1994. The white population (nine percent of the total population) still has control of more of the country's wealth than black South Africans, who make up 80 percent of the population. True, a small number of black people have become rich. But the inescapable truth is that about 54 percent of the black population live in poverty, according to a government report in 2014, compared to 0.8 percent of the white population. You see this inequality in many of South Africa's primary and secondary schools. Schools in mostly white areas of the country are well equipped, while schools in mostly black

areas frequently have poor facilities. And we are not only talking here about a lack of computers; more importantly, there may well be only one toilet for 60 students. What's more, schools that teach in an African language often find it difficult to employ teachers who can speak their language.

While life is not easy for many black South Africans, it is particularly hard for girls because they suffer most from the violence in the streets. In fact, about one third of girls experience sexual violence before the age of 18. The rates of HIV infections are frighteningly high, and over 60 percent of the victims are women. Many children have to manage life on their own because their parents die young, and they often have to leave school and look after younger brothers and sisters. So they miss out on their education. And not surprisingly, the children are often frightened of falling ill themselves.

South Africa's economy is now growing by less than two percent a year, which is a lower increase than in the first years of the 21st century. That is a real problem because the government now has less money to spend on schools and social conditions than it did before. But on the other hand, South Africa's problems should not be exaggerated. The country has not been destroyed by violence, as many forecasters predicted prior to the 1994 elections. The economy is Africa's biggest after Nigeria. And incomes per person are among the highest in Africa. Conditions have improved for the majority of people, and blacks can visit the same beaches and bars as whites. However, life is still hard for many South Africans. The gap between the standard of living of black and white South Africans is still large, and while it's true that on the whole blacks and whites get on better than before, there's little real mixing of the two different populations. So it's not surprising that many blacks are becoming impatient for real change.

Part 1 ___/ 5

Match the headings with the parts of the text. There are two more headings than you need.
Example: h) – F

a) Different standards in education
b) Trade and the media
c) How things were in the past
d) Room for improvement
e) Dangerous nationalism
f) Disadvantages for girls
g) A promising new start

A) lines 1–16
B) lines 17–35
C) lines 36–57
D) lines 58–70
E) lines 71–93

Part 2 ___/ 4

Decide whether the following statements are **true, false** or **not in the text**.
Example: i) – not in the text

a) The writer thinks that life in South Africa has changed less than in most countries.
b) Before 1994, black South Africans were not allowed to take part in elections.
c) *Rainbow Nation* is a negative name for modern South Africa.
d) Today, each child has to learn eleven languages at school.
e) The country's social problems are worse for women and girls than for men and boys.
f) South Africans have the biggest economy in Africa.
g) The writer's opinion is that South Africa's economy is going to improve in the future.
h) Many people in South Africa feel that conditions are not changing fast enough.

Part 3 ____ / 5

Finish the sentences using the information from the text. Example: f) – E

a) Under apartheid ...

A ☐ weddings between black and white people were relatively common.

B ☐ interracial couples were locked up in prison.

C ☐ black and white people could get married under certain circumstances.

D ☐ interracial marriages were against the law.

b) As far as languages are concerned, it is true that ...

A ☐ schools teach in English or Afrikaans.

B ☐ the majority of South Africans speak Zulu.

C ☐ almost all people in South Africa know a few words of English.

D ☐ Dutch is the most important language in South Africa.

c) Black people in South Africa today ...

A ☐ don't want their country to change.

B ☐ are often much poorer than white South Africans.

C ☐ are happy with the educational system.

D ☐ make up 54 % of the population.

d) Many South African children drop out of school because ...

A ☐ they have too much to do at home.

B ☐ many schools don't have enough toilets.

C ☐ there's too much violence.

D ☐ they are too sick to go to school.

e) South Africa's economy ...

A ☐ has been doing very well in the past 20 years.

B ☐ allows black and white people to have the same standard of living.

C ☐ is stronger than that of most other countries in Africa.

D ☐ is weak because the government spent too much on education.

Part 4 ____ / 3

Find **three** problems that South Africa is facing today. Use the information from the text. Take notes.

Part 5 ____ / 8

Answer the questions in complete sentences by using information from the text.

a) What happened to many black people who protested peacefully against apartheid?

b) Why is South Africa called the *Rainbow Nation*?

c) Why is the situation especially bad for women and girls?

d) Why is there now less hope that the government can help poor schools?

____

____

____

____

____

____

C – Use of language 23

Part 1 ____ / 3

Find words or expressions which mean more or less the same.

a) zones (line 7) ______________

b) frightened (line 70) ______________

c) have improved (line 83) ______________

Part 2 ____ / 3

Find the opposites in the text.

a) allowed (line 1–16) ______________

b) falsehood (line 36–57) ______________

c) to live (line 58–70) ______________

Part 3 ____ / 4

Choose **two** of the following words and give a definition.

a) public (line 10) ______________

b) population (line 38) ______________

c) to exaggerate (line 78) ______________

Part 4 ____ / 6

Vocabulary – Grammar: Complete the text by using suitable forms of the words. Find words of your own to replace the question marks.

According to official figures, South Africa ______________ about	a) receive
three and a half million travellers each year. Many of ______________	b) this/these/those
visitors are from neighbouring countries such ______________ Zimbabwe.	c) ?
The overseas countries with the ______________ number of	d) large
tourists to South Africa are the UK, the USA and Germany. Many tourists	
come ______________ English-speaking countries. They ______________	e) ? f) choice
South Africa as their holiday destination because English ______________	g) speak
______________ in many parts of South Africa as a first, second or	
even ______________ language.	h) three
Tourists ______________ are primarily attracted by the spectacular scenery	i) who/that
discover a rich cultural heritage, not to mention the amazing variety of	
wild animals found in the country's many national parks.	
More ______________, perhaps, a large number of tourists	j) surprising
come to taste South African wines. Some of the country's earliest vines	
______________ in the 17th century. South African wine is	k) plant
now exported all ______________ the world.	l) ?

Part 5 ____ / 3

You are talking to Iminathi, a 16-year-old girl from Cape Town, South Africa. Ask her **three** questions about life in South Africa.

Use different question forms or different tenses.

____

____

____

Part 6 ____ / 4

Paraphrasing

Complete the second sentence so that it means the same as the first sentence. Use between two and five words including the word in brackets.

Example:

Elon Musk's place of birth is Pretoria, South Africa. **(born)**

Elon Musk *was born in* Pretoria, South Africa.

a) The technology entrepreneur from Pretoria is one of the most famous South Africans today. **(as)**

Not many South Africans today are ______________________________ the technology entrepreneur from Pretoria.

b) Wanting to slow down global warming, Elon Musk was one of the first people to invest massively in electric cars. **(because)**

Elon Musk was one of the first people to invest massively in electric cars __________________ __________________ to slow down global warming.

c) He founded many companies, for example a space transportation company and a company that makes solar panels. **(by)**

Many companies ______________________________, for example a space transportation company and a company that makes solar panels.

d) But Elon Musk has also been criticized for some of his business decisions. **(make)**

But Elon Musk has also ______________________________ for which he has been criticized.

D – Creative writing 27

Part 1 ____ / 9

Write a comment.

Choose **one** of the following statements. Discuss the pros and cons and give your own opinion. Write about 100 words.

A: People should be more interested in politics.

B: Mobile phones are a danger to young people.

C: Violence is never right.

Part 2 ____ / 18

Choose task A **or** task B. You only have to do **one** of the following tasks.

Task A

During a holiday to South Africa, you stayed in a hotel in Cape Town. Unfortunately, you were very disappointed by the hotel. It was not as described online.

Write an email to the hotel and complain. Write about 160 words.

Task B

Your class went on a class trip to see a film in English. Write a report about the trip for the school website. Write about 160 words.

E – Interpreting 15

Part 1 ____/6

You have found a brochure about the Kruger Park in South Africa. Answer the questions in German. You don't need to write complete sentences.

Visit the Kruger Park – South Africa's most exciting and spectacular safari park

Kruger Park, which was established in 1898, is enormous. It offers its visitors one of the most diverse variety of animals of any wildlife park in the world. No wonder the park receives more than one and a half million visitors each year!

You can drive through the park in a self-drive safari, in which you bring your own vehicle at your own risk. Alternatively you can join a small number of fellow visitors and accompany rangers on foot or in small pick-up trucks.

Accommodation in the park comes in the form of restcamps, each of which offers a range of accommodation types to suit every budget – anything from huts and bungalows to fully-equipped guest houses. The larger restcamps also offer facilities such as a shop, a first-aid centre, communal kitchen facilities and a petrol station.

The Kruger Park lies in an area that can be infected by malaria, so all necessary precautions have to be taken. Please note that rangers will check that you have protection when you enter the park. At the park entrance you will also be charged a fee for each day you spend in the park. The income raised in this way supports our extensive conservation programme.

Please observe the Park's regulations at all times, and note that you must obtain an exit permit when you leave the park.

a) Was passiert am Eingang des Parks? (2 Aspekte) (2)

b) Auf welche Weise kann man den Park besuchen? (2 Aspekte) (2)

c) Was bietet der Park in Bezug auf die Tierwelt? (1)

d) Was muss man beachten, wenn man den Park wieder verlassen will? (1)

Part 2

___/ 9

Your British exchange partner Maddox would like to do some sports. You are talking to a coach who offers sport activities in the park. Tell Maddox the most important aspects in English.

a) Wir bieten jeden Samstag sportliche Aktivitäten hier im Konrad-Adenauer-Park an. Dein Freund kann gerne mittrainieren. Das Training geht vormittags von 9 bis 11 Uhr. (1)

b) Das Programm ist eine bunte Mischung aus verschiedenen Sportarten, z. B. Yoga und Tae Kwon Do, aber auch Ballsportarten wie Fußball oder Badminton. Wir sorgen für Bälle, Netze, motivierende Musik und die richtigen Bewegungsabläufe. Und die Übungen werden von ausgebildeten Trainern angeleitet. (3)

c) Sport im Park ist gratis, aber dein Freund sollte sich online anmelden, denn pro Gruppe können nicht mehr als 20 Leute mitmachen. Mit etwas Glück kann er aber auch mal spontan mitmachen, falls ein Teilnehmer nicht erschienen ist. (2,5)

d) Sport im Park findet zu jeder Jahreszeit und auch in den Ferien statt. Nur bei Regen lassen wir das Training ausfallen. (1)

e) Frag deinen Freund doch mal, ob es irgendeine Sportart gibt, die ihn besonders interessiert. Wir versuchen immer auch, auf die Interessen unserer Teilnehmer einzugehen. (1,5)

Bildquellenverzeichnis

Illustrationen
Karen Donnelly (S. 9, 16, 22, 51, 54, 57, 60, 62, 65, 67, 68)

Abbildungen
S. 7: Shutterstock.com/Syda Productions; **S. 12** Silhouette ob.: Shutterstock.com/grynold, Mädchen un.: Shutterstock.com/Iakov Filimonov, alle Tiere: Shutterstock.com/Eric Isselee; **S. 17:** Shutterstock.com/Filipe Frazao; **S. 25:** Shutterstock.com/View Apart; **S. 26:** Shutterstock.com/RossHelen; **S. 27:** Shutterstock.com/Mikhail Kolesnikov; **S. 28:** akg-images/Science Source; **S. 29:** Shutterstock.com/liu95cn; **S. 30:** Shutterstock.com/SUNDAYUA; **S. 32:** Shutterstock.com/Alex Dumitrescu; **S. 34:** mauritius images/alamy stock photo/Penny Tweedie; **S. 36:** Shutterstock.com/Tukaram.Karve; **S. 40:** Shutterstock.com/mubus7; **S. 47:** Shutterstock.com/pcruciatti; **S. 50:** Shutterstock.com/Pavel L Photo and Video; **S. 52:** Shutterstock.com/Maridav; **S. 55** li.: Shutterstock.com/fizkes, re.: Shutterstock.com/GROGL; **S. 64:** Shutterstock.com/Ociacia; **S. 66:** Shutterstock.com/Zurijeta; **S. 71:** Shutterstock.com/tommaso lizzul; **S. 74:** Shutterstock.com/Monkey Business Images; **S. 78:** interfoto e.k./Friedrich; **S. 81:** Shutterstock.com/Dragan Jovanovic; **S. 89:** Shutterstock.com/Joe Gough; **S. 90:** Shutterstock.com/Jevanto Productions; **S. 92:** Shutterstock.com/Nolte Lourens; **S. 98:** Shutterstock.com/WitR